Geld verdienen mit Kryptowährungen

Kryptowährungen verstehen, aufbewahren und erfolgreich investieren.
Eine Einführung zum erfolgreichen Blockchain-Investment.

Jan Höher

Inhaltsverzeichnis

Was sind Kryptowährungen 1

Was sind die Eigenschaften der Kryptowährungen 7

Wie funktioniert die Blockchain 13

Die Aufbewahrung 19

Die Sicherheit 27

Bitcoin und Co 35

Das Mining 42

Die Anlage 48

Der Handel 52

ICO 64

Ponzi lässt grüßen 66

Die Ausführung 71

Was sind Kryptowährungen

Kryptowährungen werden von vielen als die bestmögliche Investition angesehen. Andere sehen bereits die Kryptowährungen, die alten, oftmals als Fiatwährungen bezeichneten, Währungen ersetzen. Wieder andere nutzen sie, um damit auf legalem und manchmal nicht ganz so legalen Weg, an viel Geld zu kommen. Gerade Letzteres macht diese Währungen auch gefährlich.

Damit man nicht auf den guten, alten Ponzi, hierzulande auch als Pyramidensysteme bezeichnet, hereinfällt, muss man das ganze System einer Währung verstehen. Will man mit den Kryptowährungen auch noch Geld verdienen, dann ist es ebenso wichtig, zu verstehen, wie diese Währungen gehandelt werden. Dieser Handel war am Anfang sehr klar und einfach, doch er nimmt nun immer mehr die Form des Forex- und Aktienhandels an. In anderen Worten: Man muss sich mit den Börsen und ihren Gegebenheiten ebenso auskennen.

Weiterhin bringen diese Kryptowährungen kleine Besonderheiten mit sich. Das betrifft vor allem die Nutzung der Währungen als solche, sprich, das Bezahlen und das Aufbewahren der Coins. Damit man auch hier gewappnet ist, muss man den technischen Hintergrund dieser Währungen kennen.

Fangen wir aber mit dem Elementarsten an: Was sind Kryptowährungen eigentlich? Die Antwort darauf ist erschreckend einfach: ein Hirngespinst. Kryptowährungen haben einen unglaublichen

Sprung geschafft. Sie haben sich von einer simplen Idee in so etwas wie eine echte Währung verwandelt. Das gleicht in etwa dem Monopolygeld, welches plötzlich von der ganzen Welt als Zahlungsmittel akzeptiert würde. Naja, das wird wahrscheinlich nicht geschehen, aber der Bitcoin und die anderen Währungen haben dies zumindest teilweise geschafft. Der Prozess ist aber noch nicht ganz abgeschlossen.

Bitcoin und Co sind vor allem digitale Währungen. Bargeld kann als Geldscheine oder Münzen von Hand zu Hand weitergereicht werden. Auf Bankkonten gelagertes Geld kann von Konto zu Konto überwiesen werden. Bitcoins und all die anderen Coins können digital von Nutzer zu Nutzer transferiert werden. Dies geschieht ohne Banken ganz direkt, wie vormals das Bargeld.

Die Kryptowährungen erlauben es, das Internet der Werte zu erschaffen. Konnten vorher Informationen übertragen werden, war das Übertragen von Werten, also von Geld, nur als Banktransfer möglich. Die Kryptowährungen erlauben es nun, den Wert von Geld ähnlich den Informationen einer E-Mail von Person zu Person zu übertragen.

Bitcoin und Co sind als Währungen jedoch nach wie vor umstritten. Einige wollen sie als solche anerkennen und andere sprechen den Coins die Eignung als Geld oder die Eigenschaft, Geld zu sein, komplett ab. Um festzustellen, ob die Kryptowährungen tatsächlich Geld sind, muss man sich jedoch erst einmal anschauen, was Geld eigentlich ist.

Ökonomen haben dem Geld als solchem drei Eigenschaften zugesprochen: Es ist ein Speicher von Werten, es ist ein Medium des Austausches und es ist eine Zuordnungseinheit. Kennt man diese drei

Eigenschaften, dann kann man auch die Qualifizierung von Monopolygeld und den Fiatwährungen überprüfen. Starten wir mit Monopolygeld.

Monopolygeld speichert einen Wert. Dieser Wert entspricht der aufgedruckten Nummer auf den kleinen Scheinchen. Es ist auch eine Zuordnungseinheit. Jeder Straße, auf dem Spielfeld von Monopoly, ist ein Wert zugeordnet. Der Wert beginnt zu wachsen, je mehr man diese Straße aufrüstet. Der ursprüngliche Wert und ebenso der Zuwachs sind jedoch über die Zuordnungseinheit des Monopolygeldes definiert. Zwei Eigenschaften als Währung sind also vorhanden.

Für Monopolygeld fehlt nun nur noch eine weitere Eigenschaft. Dies ist die Eigenschaft als Medium des Austausches. Kann man mit Monopolygeld einen Austausch gegen Waren oder Dienstleistungen durchführen? Ja, auf dem Spielfeld. Dabei geht es um die sogenannte Miete. Nein, außerhalb des Spielfeldes nicht. Ist also Monopolygeld echtes Geld? Man kann es jedenfalls nicht überall als Währung verwenden. Damit steht es zwei gegen eins. Zwei Eigenschaften von echtem Geld sind vorhanden, doch eine Eigenschaft fehlt zumindest teilweise. Bei zwei zu eins für die Eignung als Währung, ist Monopolygeld dann eine Währung? Nein, denn bei Währungen herrscht keine Demokratie. Es geht nicht um die Stimmenmehrheit, sondern um das Innehaben aller Eigenschaften.

Monopolygeld ist kein Geld, denn es eignet sich nicht zum allgemeinen Austausch gegen Waren und Dienstleistungen. Auch die Eignung zum Bezahlen innerhalb des Monopolyspieles ändert daran nichts, denn es werden keine echten Waren oder Dienstleistungen gegen dieses Geld eingetauscht.

Schauen wir uns nun eine Fiatwährung an. Nehmen wir den Euro. Auch dieser muss die drei Eigenschaften des Geldes aufweisen, damit er eine echte Währung darstellt. Als Erstes muss der Euro einen Wert speichern. Dieser Wert ist vorhanden und entspricht der Nummer auf den Geldscheinen, den Münzen oder dem Bankkonto.

Weiterhin muss der Euro eine Zuordnungseinheit sein. Diese Eigenschaft ist auch vorhanden. Dazu muss man nur in den nächsten Laden gehen und man kann sehen, wie viele Euros als Wert welcher Ware zugeordnet sind.

Weiterhin muss der Euro ein Medium des Austausches sein. Auch diese Eigenschaft ist vorhanden. Wo immer man sich im Euroraum befindet, kann man den Euro gegen Waren und Dienstleistungen eintauschen. Unfraglich ist der Euro also eine Währung.

Wie steht es nun mit den digitalen Währungen? Lautet die Antwort „ja", dann müssen sie auch die drei Eigenschaften einer Währung aufweisen. Der Einfachheit halber schauen wir uns nur den Bitcoin an.

Hat der Bitcoin einen Wert in sich gespeichert? Hier ist die Antwort sehr einfach: Ja, der Wert entspricht der Anzahl der Coins beziehungsweise der Anzahl der Untereinheiten der Coins. Für die absoluten Bitcoin-Neulinge sei hier darauf hingewiesen, dass man den Bitcoin in fast beliebig kleine Einheiten aufspalten kann.

Ist der Bitcoin eine Zuordnungseinheit? Definitiv. Man kann dem Bitcoin einen Wert in Dollar und Euros zuweisen. Diesen Wert kann man tagesaktuell an jeder Internet-Coinbörse überprüfen.

Ist der Bitcoin ein Medium des Austausches? Der Bitcoin hat genau hier ein Problem. Es gibt mittlerweile hunderttausende von

Händlern, die den Bitcoin als Zahlungsmittel akzeptieren. Damit könnte man den Bitcoin als Medium des Austausches ansehen, wenn - tja, wenn da nicht das kleine Problem wäre.

Kein Händler akzeptiert ausschließlich Bitcoins. Wer schon einmal in einem Einkaufszentrum in Deutschland mit Dollar bezahlen wollte, der hat schnell herausgefunden, dass dort nur der Euro regiert. Der Händler jedoch, der den Bitcoin akzeptiert, tut dies ausschließlich als Zweitwährung. Zuerst kommen für diese Händler ihre üblichen Landeswährungen.

Damit kommen wir zur zweiten Hälfte des Problems. Der Bitcoin ist keine Landeswährung. Er ist kein gesetzlich akzeptiertes Zahlungsmittel. Der Euro oder der Dollar und all die anderen Fiatwährungen können nicht einfach über Nacht verschwinden. Sie sind als Münzen, Geldscheine und als gesetzlich zu akzeptierende Einheiten auf Bankkonten vorhanden. Der Bitcoin dagegen hat nur ein Netzwerk. Wird dieses abgeschaltet, ist er weg. Der Bitcoin wird nur freiwillig akzeptiert und oftmals steigen Händler aus dem Bitcoin auch wieder aus, wenn dieser zu sehr im Preis schwankt.

Der Bitcoin ist damit kein allgemeines Medium des Austausches, denn seine Verwendung als Zahlungsmittel hängt immer von den Händlern ab, und deren Anzahl ist noch immer begrenzt. Das bedeutet nicht, dass der Bitcoin und die anderen Kryptowährungen nicht die Eigenschaften von Geld noch annehmen können. Dazu muss aber mindestens eine weitere Voraussetzung erfüllt werden.

Der Bitcoin braucht einen Währungsraum. Wird er von einem Staat gesetzlich als Zahlungsmittel anerkannt, dann hat er es geschafft.

Alternativ kann die Anzahl der Händler, die den Coin akzeptieren, derartig ansteigen, dass sich alle anderen Händler gezwungen sehen, diesem Trend zu folgen. Nur eine dieser beiden Voraussetzungen muss erfüllt sein, dann hat es der Bitcoin geschafft und ist zur Währung aufgestiegen. Bis dahin befindet er sich noch immer in seiner Geburtsphase.

Neben dem Bitcoin existiert eine immer größer werdende Anzahl an anderen Coins. Diese Coins sind noch weniger als Zahlungsmittel akzeptiert, sodass hier oftmals die Frage gar nicht erst aufkommt, ob sie eine Währung im klassischen Sinne sind.

Heißt das nun, dass man die Kryptowährungen vergessen sollte? Nein, das heißt es nicht. Kryptowährungen haben einen Wert und man kann mit ihnen handeln. Ähnlich der Aktien und Wertpapiere kann man mit ihnen einen Gewinn machen, auch, wenn sie nicht direkt eine austauschbare Währung sind.

Neben ihrer Eigenschaft als Währung erfüllen die Kryptowährungen einen wichtigen Zweck innerhalb ihres jeweiligen Netzwerkes. Damit werden sie zu einem digitalen Vermögenswert. Das allein schon rechtfertigt den Handel mit ihnen.

Was sind die Eigenschaften der Kryptowährungen

Jede klassische Währung hat wesentliche Eigenschaften und ist ein anerkanntes Zahlungsmittel. Einige dieser Eigenschaften wurden bereits besprochen. Daneben verfügen Kryptowährungen aber noch über andere, wichtige Eigenschaften, die sie als Vermögenswerte sehr interessant machen.

Die wichtigste Eigenschaft der Kryptowährungen ist der Traum, der hinter ihnen steht. Wie bei allen Wertpapieren und Vermögenswerten bestimmen Angebot und Nachfrage den Preis. Ist das Angebot gering und die Nachfrage groß, dann ist der Preis dementsprechend hoch. Der Traum hinter den Kryptowährungen generiert die Nachfrage. Woher aber kommt dieser Traum?

Am Anfang gab es Coins und nur wenige Leute, die sich dafür interessierten. Einer berühmten Geschichte zu Folge gehörte dazu ein kleiner, unbedeutender Student in Norwegen. Selbiger kaufte 5.000 Bitcoins für den Preis von gerade mal 27 €. Heute steht der Bitcoin bei mehr als 3.000 €, und besagter Student ist mehrfacher Millionär.

Dem Traum dieses Studenten jagen die heutigen Käufer hinterher. Sie wollen auf den Zug einer rasant an Wert gewinnenden Währung aufspringen. Es ist schwer, diesem Traum zu widerstehen. Gerade in diesem Jahr, 2017, stieg der Bitcoin innerhalb von zwei Wochen um 100 %. Wer also einen Bitcoin für 2.300 € Anfang August erwarb, konnte diesen im September auf einem kurzen Hoch für über 4.600 € wieder verkaufen. Das ist ein Profit von 2.300 € oder für viele Deutsche mehr als ein Monatsgehalt.

Dieser Traum ist jedoch nicht die einzige Eigenschaft, die man von Bitcoin und Co kennen muss. Es gibt auch handfestere Gründe, die die Währungen als Vermögenswert interessant machen. Eine davon ist gerade der Umstand, dass sich der Bitcoin und seine Verwandten erheblich von den Fiatwährungen unterscheiden. Es gibt keine Zentralbanken, die die Coins ausgeben. Es gibt keine Safes im eigenen Haus. Es gibt keine Banktransfers.

Die Coins kommen ohne die Finanzinstitute aus. Besser noch, die Allermeisten von ihnen können von ihren Nutzern selbst generiert werden. Man kann sie einfach digital von Person zu Person transferieren. Das spart Zeit und Geld.

Ohne zentrale Institute bedeutet, die Kryptowährungen sind dezentral. Die Nutzer verwalten ihre Coins selbst. Keine Finanzaufsicht stört dabei. Normalerweise haben sogar alle Nutzer des Coins ein Mitspracherecht. Es gilt das Konsensprinzip. Das garantiert Geschwindigkeit und es gibt Sicherheit gegenüber einem Fälschen der Coins.

Der Coin braucht aber auch Rechenkraft. Diese Rechenkraft wird dem Netzwerk der Coins von den sogenannten Minern zur Verfügung gestellt. Diese Miner erhalten das Netzwerk am Leben und ermöglichen die Transaktionen, das heißt, das Versenden der Coins. Es gibt keine Regeln darüber, wer ein Miner sein kann und wer nicht.

Stattdessen gilt gleiches Recht für alle. Alles, was man braucht, ist genügend Rechenleistung.

Miner werden aus dem Netzwerk heraus für ihre Arbeit bezahlt. Diese Bezahlung geschieht auf zwei Wegen. Das Eine sind Gebühren, die jeder Miner für seinen Dienst selbst festlegen kann. Diese Gebühren sind jedoch meistens sehr gering, denn so sichert sich der Miner seine Kundschaft. Der zweite und hauptsächliche Weg sind neue Coins. Für jede neue Transaktion erhält der Miner eine bestimmte Anzahl an neu generierten Coins.

Damit kommen wir auch zu den sehr wichtigen Eigenschaften der Coins bezüglich der Transaktionen. Bisher, also ohne Kryptowährungen, konnte Geld online nur von Bank zu Bank verschoben werden. Die Banken erhoben dabei mitunter exorbitant hohe Gebühren und es dauert ebenfalls manchmal sehr lange, um eine Überweisung vorzunehmen.

Wer seine Überweisungen nur innerhalb des Euroraumes vornimmt, der wird davon nichts mitkriegen. Wer jedoch Geld an andere Länder überweist, vor allem an jemand in einem Entwicklungsland, wird sehr schnell das leidige Problem der Zeit und des Preises am eigenen Konto verspüren.

Die Coins ermöglichen ein Überweisen von Werten innerhalb von Minuten. Dies geht ungeachtet der Landesgrenzen vonstatten. Dazu kommen nur sehr, sehr geringe Überweisungskosten. Hier liegt der Hauptvorteil der Kryptowährungen.

Die Eignung der Kryptowährungen zum Bezahlen von Dienstleistungen oder Waren, praktisch verzugslos und fast umsonst, sind das größte Argument für ihre Verwendung. Daher erlauben Händler ihre Verwendung als Zahlungsmittel. Dies ermöglicht auch vor allem neuen Dienstleistern in Entwicklungsländern, eine Anbindung an den Weltmarkt aufzubauen.

Ein weiterer wichtiger Punkt bei einem derartigen Transfer ist die Sicherheit. Wer sich in Deutschland befindet, kann eine Ware in den USA bestellen und per Banktransfer bezahlen. Nach dem Absenden der Ware kann die Zahlung jedoch storniert werden und der Händler hat das Nachsehen. Anders sieht dies bei den Coins aus. Transaktionen sind unveränderlich. Man kann keine Zahlungen stornieren. Einmal versendete Coins kommen nicht wieder zurück. Damit hat ein Händler die entsprechende Sicherheit, dass er wirklich das Geld für seine Waren bekommt.

Über Smart Contracts lassen sich die Transfers sogar noch für beide Seiten absichern. Wenn jemand ein Computerprogramm mit digitalen Coins bezahlt, kann der Download per Smart Contract direkt mit der Bezahlung verbunden werden. Nach dem Eingang der Coins wird das Programm dann automatisch heruntergeladen. So haben beide Seiten mehr Sicherheit.

Ebenfalls sehr wichtig ist die Transparenz der meisten Coins. Hierbei kann jeder Teilnehmer am Netzwerk des jeweiligen Coins sehen, über wie viele Coins der Andere verfügt. So kann niemand vorgaukeln, er könne eine Ware bezahlen, während er nicht über die finanziellen Mittel verfügt.

Die Transparenz in Verbindung mit der Unveränderlichkeit der Transaktionen sorgt für einen weiteren, sehr wichtigen Punkt: Es bringt Fälschungssicherheit. Niemand kann einfach so neue Coins produzieren oder bestehende Coins mehrfach verwenden. Damit wird sichergestellt, dass die Menge der Coins überschaubar bleibt und nur die rechtmäßigen Besitzer über die rechtmäßige Menge an Coins verfügt.

Transparenz und Konsensprinzip bringen eine weitere wichtige Eigenschaft. Banken haben innerhalb der heutigen Finanzsysteme eine sehr starke Position. Sie verfügen über Macht. Oftmals wird diese Macht aber nicht weise benutzt. Die Folge waren Finanzkrisen. Eine solche Machtanhäufung wird innerhalb der Coins verhindert. Jeder kann sehen, was mit den Coins geschieht. Jeder kann im Prinzip gefälschte Transaktionen aufzeigen. Man kann also nicht dunkle Geschäfte betreiben und damit der Währung als solcher einen Schaden zufügen.

Totale Transparenz mag jedoch den einen oder anderen bedenklich stimmen. Doch dazu besteht kein Anlass. Die Coins sorgen nicht nur für Transparenz, sie vermögen es auch, diese Transparenz mit Anonymität zu verbinden. Das kommt von der sogenannten Pseudoanonymität.

Wer zu einer Bank geht und ein Konto eröffnet, muss sich ausweisen. Seine Identität wird mit dem Konto fest verbunden und mit jeder Überweisung übertragen. Hier herrscht absolut keine Anonymität. Im Netzwerk einer Kryptowährung dagegen verlangt niemand irgendeinen Identitätsnachweis. Man erstellt nur seine Wallet und damit sein Pseudonym. Während man so als Pseudonym transparent ist, weiß niemand, wer sich dahinter verbirgt. Eine Person kann auch mehrere Pseudonyme verwenden.

Gerade die Anonymität ist es jedoch, die den Kryptowährungen auf lange Sicht schaden kann. Dank der Anonymität können kriminelle Vereinigungen ihre Profite transferieren und waschen. Das ist auch einer der Hauptgründe, warum die traditionellen Geldinstitute den Coins sehr vorsichtig gegenübertreten. Es besteht auch langfristig eine echte Wahrscheinlichkeit, dass solche Währungen verboten werden, um der internationalen Geldwäsche einen Riegel vorzuschieben. In einem solchen Falle wären die betroffenen Coins als Währung selbstverständlich erledigt.

Neben ihren Eigenschaften hinsichtlich ihrer Position als Vermögenswert bringen die Coins auch noch eine weitere wesentliche Eigenschaft, die sie direkt wertvoll machen. Kryptowährungen brauchen eine Blockchain, um zu funktionieren. Damit nicht genug treiben sie die Blockchain auch an. Damit ebenfalls noch nicht genug lässt sich die Blockchain zu weit mehr als nur dem Versenden ihrer Coins verwenden. Damit haben die Coins eine echte Überlebenschance.

Die Kryptowährungen mögen es am Ende vielleicht niemals schaffen, echte Währungen zu werden. Als Treibstoff für die Blockchain jedoch haben sie eine echte Chance, ein bleibender Vermögenswert zu sein. Wer weiß, vielleicht sogar schaffen sie es, sich tatsächlich als anerkannte Währungen zu etablieren. Sie aber als das Geld der Zukunft zu feiern, ist noch etwas verfrüht. Die Gründe dafür wird man in den späteren Kapiteln finden.

Wie funktioniert die Blockchain

Die Blockchain ist für das digitale Geld, was das Internet für die E-Mail ist. Eine E-Mail braucht das Internet, genauer gesagt, das Netzwerk, um mit ihren Informationen übertragen zu werden. Die Coins brauchen die Blockchain, um mit ihren Werten übertragen zu werden.

Das Internet kommt ohne die E-Mail aus. Die E-Mail jedoch braucht das Netzwerk, dass das Internet darstellt. Die Coins kommen nicht ohne ihre Blockchains aus. Sie bilden die Grundlage, die die Existenz und die Übertragung und damit die Verwendung der Coins erst ermöglicht. Die Blockchains wiederum kommen kaum ohne die Coins aus, denn diese bilden im Allgemeinen den Treibstoff der Blockchain.

Um die Blockchain zu verstehen, muss man erst einmal ein paar Mythen vergessen. Die Blockchain ist nicht der Bitcoin und der Bitcoin ist nicht die Blockchain. Jeder Coin, sei es der Bitcoin, der Ethereum, der Dash oder welcher auch immer, hat seine eigene Blockchain. Das Prinzip Blockchain ist also nicht gleich das Prinzip Bitcoin.

Das Prinzip Coin ist ein Wert. Dieser Wert kann versandt, empfangen und gelagert werden. Das Medium dazu ist die Blockchain.

Die Blockchain wiederum ist eine Datei. Sie bildet alle Transaktionen ab, die mit den Coins vorgenommen wurden. In ihr ist gespeichert, wo sich welcher Coin befindet und wer welchen Coin zu wem schickt.

Blockchain übersetzt, bedeutet Blockkette. Diese Kette setzt sich aus Blöcken zusammen. Jeder Block ist eine Transaktion. Diese Transaktion kann die Entstehung von Coins oder das Verschicken von Coins sein. Jede neue Transaktion, die in der Blockchain vorgenommen wird, bildet einen neuen Block und wird an diese Kette gehängt. Dabei ist die Blockchain sowohl die Datei als auch das Netzwerk.

Wenn man ein Nutzer in der Blockchain ist und einen Coin an einen anderen Nutzer sendet, dann wird diese Aktion in das Netzwerk übertragen. Innerhalb des Netzwerkes gibt es die Verwalter des Netzwerkes, die Miner. Diese stellen dem Netzwerk ihre Rechenleistung zur Verfügung.

Die Miner sind immer auf der Suche nach jemanden, der Coins übertragen möchte. Finden sie eine solche Aktion, dann werden sie diese berechnen. Dabei gibt es mehr als einen Miner, der die Dateien berechnet. Oftmals sitzen mehrere Miner an einer Aktion.

Die Blockchain bildet eine Prüfsumme, um ihre Echtheit zu garantieren. Die Miner berechnen jetzt die Prüfsumme. Sie überprüfen auch, ob der Absender der Coins über die Coins verfügt, die er versenden möchte. Sie überprüfen auch, ob der Empfänger existiert.

Verfügt der Absender über die nötigen Coins, existiert der Empfänger. Und ist die Prüfsumme gefunden, dann wird die Aktion in eine gültige Transaktion umgewandelt und mit der neuen Prüfsumme an die Blockchain angehängt. Die Datei, die die Blockchain darstellt, wird damit immer größer.

Jeder Nutzer der Blockchain kann die gesamte Kette einsehen. Damit kann jeder die Echtheit aller Transaktionen überprüfen. Es kann auch niemand einen Coin doppelt versenden. Wer das versucht, wird schnell entdeckt. Die Miner oder ein anderer Nutzer würde erkennen, dass die Coins schon einmal versendet wurden und sich daher nicht mehr beim vermeintlichen Absender befinden. Aus dem gleichen Grund kann niemand einfach neue Coins in das System einfügen. Sie würden einfach die Echtheitsprüfung nicht überstehen, denn ihre Herkunft könnte nicht nachgewiesen werden.

Die Blockchain als Datei wird immer größer. Kein Teil der Kette wird gelöscht. Damit kann auch ein neuer Nutzer, der sich im Jahre 2017 anmeldet, noch immer nachverfolgen, was mit einem Coin von 2009 geschah.

Die Verwaltung der Blockchain verlangt eine große Rechenleistung. Diese Leistung wird von den Minern erbracht. Diese müssen dafür entsprechend Computer anschaffen. Dazu kommen Kosten für die Energie und die Kühlung. Für diese Kosten werden die Miner entschädigt. Sie bekommen neue Coins für jede Transaktion, die sie genehmigen. Das gilt aber nur, wenn sie der schnellste Miner sind, also der Erste, der die Transaktion komplett bearbeitet hat. Weiterhin können die Miner einen kleinen Betrag als Transferkosten verlangen.

Ist eine neue Transaktion von einem Miner genehmigt, dann wird sie an die Blockchain angehängt. Dieser neue Block wird dann ebenfalls in das Netzwerk übertragen. Jeder Nutzer kann dann seine Kopie der Blockchain aktualisieren.

Wichtig bei der Blockchain ist, zu verstehen, dass es sich dabei um das Kontobuch des jeweiligen Coins handelt. Die Blockchain vergisst nicht. Es werden zwar neue Blocks hinzugefügt, doch die alten Blocks werden weder geändert noch gelöscht.

Daraus ergibt ich ein fälschungssicheres Netzwerk. Die Blocks sind mit einer Prüfsumme versehen. Jeder folgende Block enthält dabei einen Teil der Prüfsumme der vorherigen Blocks. Will man also auch nur einen Block fälschen, muss man alle vorhergehenden Blocks fälschen. Ebenso würden alle Prüfsummen der folgenden Blocks den gleichen Fehler aufweisen. Jeder Nutzer innerhalb der Blockchain wäre mit einer bestimmten Wahrscheinlichkeit in der Lage, die Fälschung aufgrund dieser Prüfsumme zu erkennen. Es braucht aber nur Einer dies zu bemerken und damit wäre die gesamte Fälschung aufgeflogen. Bei der Anzahl der Nutzer ist es unmöglich, falsche Blöcke einzufügen und damit durchzukommen.

Diese Unveränderlichkeit der Blockchain macht diese auch in anderer Hinsicht interessant. Die Blockchain wird auch zum Träger von Smart Contracts. Wie schon im letzten Kapitel dargestellt, kann damit eine Transaktion eine neue Transaktion fälschungssicher auslösen. Zum Beispiel könnte jemand Musik unter Einsatz eines Smart Contracts online kaufen. Dazu würde diese Person die gewünschte Musik markieren. Dann wird die nötige Summe für den Download in Coins übertragen, was dann automatisch den Download der Musik auslöst. Damit wären immer beide, Käufer und Verkäufer, geschützt.

Andere Anwendungsgebiete ergeben sich aufgrund der Anonymität, Transparenz und Unveränderlichkeit fast von allein. Zum Beispiel könnten Wahlen über die Blockchain abgehalten werden.

Wahlen sind für ein Land ein sehr aufwendiger Prozess. Es dauert Zeit und kostet Geld, die gesamte Infrastruktur zur Verfügung zu stellen und die Stimmen auszuzählen. Ebenso sind viele Menschen wahlmüde. Anstatt sich in ein Wahllokal zu begeben, sitzen sie lieber zu Hause.

Per Blockchain könnten die Wähler bequem von zu Hause aus ihre Stimme abgeben. Per Pseudonym wäre die Wahl anonym. Dank der Blockchain stünde das Ergebnis in Echtzeit zur Verfügung. Dank des Netzwerkes könnte der Staat auf die übliche Infrastruktur mit Stimmzetteln, Wahllokalen und der anschließenden Auszählung verzichten. Kurz, ein aufwendiges Prozedere könnte damit vereinfacht und abgekürzt werden.

Steuern könnten ebenfalls per Blockchain bezahlt werden. Aufgrund der Transparenz und der Unveränderlichkeit der Blockchain wäre es fälschungssicher und in Echtzeit möglich, zu bestimmen, wer wie viel Steuern zu bezahlen hat und diese könnten im selben Atemzug eingezogen werden.

Das Grundbuch könnte mit der Blockchain ebenfalls der Vergangenheit angehören. Dank Transparenz und Unveränderlichkeit kann die Blockchain einfach und kostengünstig festhalten, wem welches Grundstück gehört und wer es an wen übertragen hat.

Selbst die Berechnung von Versicherungsverträgen, und deren Beiträge, wäre per Blockchain einfach möglich. So könnte der Computer des Autos automatisch das Fahrverhalten festhalten und an die Versicherungsgesellschaft übertragen. Diese könnte dann ebenso automatisch den Tarif festlegen und diesen dann per Blockchain und Coins einziehen.

Während Banken den Coins gegenüber noch misstrauisch gegenüberstehen, sind sie bereits an der Blockchain interessiert. Es laufen Pilotprojekte in verschiedenen Ländern, um die Blockchain für die Übertragung von Werten zwischen den Banken nutzbar zu machen. Dabei wird prognostiziert, dass die Banken damit an die 20 Milliarden Euro pro Jahr einsparen könnten.

Während die Zukunft der Coins noch immer nicht so ganz sicher ist, scheint die Zukunft der Blockchain gesichert. Sie bietet einfach zu viele Möglichkeiten, um sie zu ignorieren. Vor allem verändert sie das Internet von einem „Internet of Things" zu einem „Internet of Value". Ähnlich dem Internet wird es dabei zu vielen hoffnungsvollen Neustarts mit jeder Menge Pleiten kommen. Doch so, wie sich das Internet aufgrund seiner Nützlichkeit durchgesetzt hat, so wird sich auch die Blockchain durchsetzen. Das wiederum macht, zumindest vom derzeitigen Standpunkt aus betrachtet, die Coins mit ihrem Vermögenswert als Treibstoff der jeweiligen Blockchain zu einer wertvollen Investition.

Die Aufbewahrung

Kryptowährungen sind digitales Geld. Daraus ergeben sich ein paar selbstverständliche Fakten. Man kann die Coins weder in der Brieftasche noch im heimischen Safe aufbewahren. Ebenso ist bei Kryptowährungen das dezentrale Prinzip vorherrschend. Es gibt keine Banken oder andere Finanzinstitute, bei denen sich die Coins aufbewahren lassen.

Der Besitzer von digitalem Geld ist für seine Coins selbst verantwortlich. Als digitales Geld kann auch die Aufbewahrung nur digital geschehen. Dazu benutzt man eine sogenannte Wallet. „Wallet" kommt aus dem Englischen und bedeutet nichts anderes als „Brieftasche".

Eine Wallet für einen digitalen Coin ist im Grunde genommen nichts anderes als ein Schlüssel. Damit kann man auf seine Coins zugreifen. Diesen Schlüssel gibt es in zwei Ausführungen. Eine davon ist der öffentliche Schlüssel. Damit können die Teilnehmer an der Blockchain die eigene Wallet einsehen. Jeder weiß, wie viele Coins sich in einer Wallet befinden.

Der andere Schlüssel ist ein privater Schlüssel. Damit kann der Inhaber der Wallet auf die Coins in seiner Wallet zugreifen. Er kann schauen, wie viele Coins sich in der Wallet befinden und er kann die Coins an andere Teilnehmer in der Blockchain versenden.

Wie schon gesagt, liegt die Verantwortung für die Coins beim Besitzer der Coins. Wer seinen Schlüssel verliert, kann nicht mehr auf seine Coins zugreifen. Niemand kann das mehr tun. Es gibt keine Bank, die einem einen neuen Schlüssel ausstellen kann. Es ist das Prinzip der Blockchain, dass jeder Nutzer seine eigene Bank ist und damit hundertprozentig selbst für seine Coins verantwortlich ist.

Die gleiche Verantwortung kommt beim Versenden der Coins zum Tragen. Wird bei der Versendung ein Fehler gemacht, kann man die Coins nicht einfach wieder zurückholen. Es gibt eben keine Bank, kein zentrales Institut, das die Aufsicht führt und eingreifen kann. Man ist selbst für alles verantwortlich.

Aufgrund dieser Verantwortung ergeben sich natürlich auch besondere Anforderungen an die Wallets. Das gilt umso mehr, als dass die Wallets auch noch online den Angriffen von Hackern ausgesetzt sind. Es müssen auch hier dementsprechende Vorsichtsmaßnahmen getroffen werden.

Neben dem Element der Sicherheit ergeben sich aber auch noch andere Anforderungen an die Wallets. Manch einer möchte seine Wallet unterwegs mit sich herumtragen können. Andere wollen von überall und jedem Gerät aus auf die Wallets zugreifen können. Wieder andere legen einen erhöhten Wert auf Anonymität.

Aus den gesamten Anforderungen ergeben sich unterschiedliche Wallets. Diese legen, je nach Ansatz, eine unterschiedliche Gewichtung auf Sicherheit, Mobilität oder Anonymität. Dabei kommen die Wallets in 5 Hauptversionen: die Desktop-Wallet, die Mobile-Wallet, die Online-Wallet sowie die Hardware- und die Paper-Wallet.

Desktop-Wallet

Die Desktop-Wallet liefert ein gewisses Maß an Sicherheit. Sie befindet sich direkt auf dem Rechner. Solange dieser nicht online ist, kann die Desktop-Wallet auch nicht gehackt werden. Man muss jedoch vorsichtig hinsichtlich des Systems sein. Nur allzu leicht setzt man ein neues System auf und löscht dabei die Desktop-Wallet.

Desktop-Wallets sind normalerweise kostenlos erhältlich. Viele Blockchains liefern sie schon bei der Anmeldung mit. Das macht es sehr einfach, die Wallet zu bekommen und einzurichten. Natürlich kann man neben der Hausmarke auch besondere Wallets online finden und herunterladen. Diese kommen oftmals mit ihren eigenen Besonderheiten.

Eine besondere Wallet zum Herunterladen ist zum Beispiel „Amory". Diese Wallet setzt ein hohes Gewicht auf Sicherheit. Damit ist es besonders schwer, diese Wallet zu hacken oder per Wurm auszuräumen. Ebenso sind die Transfers aufwendiger, um ein ungewolltes Transferieren von Coins zu verhindern.

Ein anderes Beispiel einer besonderen Wallet ist die „DarkWallet". Diese Wallet ist vor allem für die Nutzer empfehlenswert, die einen gesteigerten Wert auf Anonymität legen. Wenn man nämlich nur ein Pseudonym benutzt und sich gewisse Formen der Nutzung ergeben, ist es mitunter möglich, Rückschlüsse auf die wahre Identität des Besitzers zu ziehen. Die DarkWallet beugt dem vor. Zum Ersten legt man mit dieser Wallet mehrere Pseudonyme an. Dann transferiert die DarkWallet automatisch immer wieder Coins zwischen diesen Pseudonymen. Damit ist vor allem automatischen Auswertesystemen kaum möglich, nutzbare Muster in den Bewegungen der Coins zu finden. Von Nachteil sind jedoch die Kosten. Jeder Transfer kostet eine kleine Gebühr. So klein diese auch sein mag, bei häufigen Transfers kann sich da schon ein nettes Sümmchen addieren.

Mobile-Wallet

Das Gute an Bargeld ist seine Verfügbarkeit unterwegs. Per Kreditkarte ist dies auch mit dem Geld auf dem Konto möglich. Eine Desktop-Wallet schränkt jedoch die Mobilität ein. Selbst einen Laptop möchte man nicht unbedingt permanent mit sich herumtragen. Als Antwort auf diese Thematik gibt es die Mobile-Wallet.

Das Hauptproblem bei einer Mobile-Wallet ist die Blockchain selbst. Die meisten Coins haben Blockchains mit mehreren Gigabytes an Größe. Das würde jedoch die Speicherkapazität der meisten Mobilgeräte überfordern. Ebenfalls sind die Kosten aufgrund der Gebühren für das mobile Surfen zu hoch. Daher wurde die Mobile-Wallet als eine reduzierte Blockchain entwickelt.

Die Mobile-Wallet ist im Grunde genommen eine App für das eigene Smartphone. Dabei wird nicht die gesamte Blockchain heruntergeladen, sondern nur ein verkürzter Teil davon. Damit hat man zwar nicht die gesamte Übersicht über alle Transaktionen, doch man kann immer noch die neuesten Entwicklungen überschauen. Für den Rest muss man sich auf die Verwaltung durch die Miner verlassen.

Der Vorteil der Mobile-Wallet ist, dass man sie mobil, also unterwegs verwenden kann. Der Nachteil ist jedoch die reduzierte Sicherheit. Dieses Problem ist allerdings nicht allzu schwerwiegend. Wem es jedoch auf eine komplette Blockchain ankommt, der kann eine Doppellösung verwenden. Dabei kombiniert man eine Desktop-Wallet für daheim mit einer Mobile-Wallet für unterwegs. Man sollte nur nicht den Überblick verlieren und am Ende ohne Coins in seinem Smartphone dastehen.

Online-Wallet

Die Desktop-Wallet hat ihre Nachteile. Der Hauptsächlichste davon ist die fehlende Verfügbarkeit unterwegs. Dazu kommt die Anfälligkeit gegenüber dem Löschen. Das kann versehentlich durch Neuaufsetzen des Systems oder durch eine Beschädigung der Festplatte geschehen.

Die Mobile-Wallet hat den Nachteil einer verkürzten Blockchain. Dazu kommt auch hier die Anfälligkeit gegenüber dem Löschen sowie gegenüber einer Beschädigung oder eines Verlustes des Smartphones.

Eine Kombination der Beiden hat ebenfalls ihre Nachteile. Wer eine Mobile-Wallet unterwegs und eine Desktop-Wallet daheim verwendet, verliert noch immer zumindest einen Teil seiner Coins, wenn eine davon verloren wird.

Die Antwort auf dieses Problem ist die Online-Wallet. Diese ermöglicht den Zugriff vom heimischen PC aus und ersetzt damit die Desktop-Wallet. Ebenso kann man von seinem Smartphone auf sie zugreifen und ersetzt damit die Mobile-Wallet. Weiterhin ist es unerheblich, ob eines der Geräte verloren geht oder beschädigt wird. Die Online-Wallet befindet sich weiterhin verfügbar auf dem Server. Man kann also relativ sicher von überall aus auf diese Wallet zugreifen.

Die Online-Wallet hat jedoch auch einen Nachteil. Man hat sie nicht wirklich unter seiner Kontrolle. Die Kontrolle liegt bei dem Anbieter, auf dessen Server man die Wallet hinterlegt hat. Dort kann sie ebenfalls verloren gehen, wenn der Servercomputer selbst beschädigt wird. Dazu kommt, dass sie permanent online ist. Damit ist sie Hackern und anderen unbefugten Zugriffen ausgesetzt. Der Servercomputer hat zwar einen Schutz, doch den kontrolliert man nicht selbst. Man hat also keinen Einfluss, wie lässig oder wie strikt die Schutzmaßnahmen ausfallen. Oft genug wurden Server schon von Hackern geknackt.

Auf der anderen Seite steht die leichte Verfügbarkeit der Wallet nicht nur im Zugriff, sondern auch in der ersten Anschaffung. Wer auf Internetbörsen mit Bitcoin und Co handelt, bekommt eine Online-Wallet oft schon mit seinem Account dazu geliefert.

Hardware-Wallets

Für Sicherheitsfanatiker lohnen sich Hardware-Wallets. Diese bieten ein sehr hohes Maß an Sicherheit, weil sie weder auf einer Festplatte, noch auf einem Mobilgerät oder online gespeichert sind. Vielmehr handelt es sich um einen USB-Stick. Auf diesem befindet sich die Wallet und damit auch die Coins. Den Stick kann man separat vom Computer aufbewahren, sodass im Normalfall kein Onlinezugriff möglich ist. Wenn man die Coins braucht, dann steckt man den USB-Stick eben nur in den USB-Port seines Computers.

Die Hardware-Wallets kommen aber mit einem kleinen Nachteil. Es handelt sich nicht einfach nur um einen USB-Stick, sondern um einen speziell zu diesem Zweck angefertigten Memorystick. Daher muss man auch mit den entsprechenden Anschaffungskosten rechnen. Diese liegen zwischen 20 und 100 €. Dazu kommt noch dich Anfälligkeit gegen Beschädigung oder dem simplen Verlust des Sticks.

Paper-Wallet

Der absolute Hammer in Punkto Sicherheit ist jedoch die Paper-Wallet. Diese ist kostenlos herstellbar, auch wenn man dafür einen gewissen Zeitaufwand braucht. Dazu ist diese Wallet nicht online und kann somit nicht gehackt werden.

Die Paper-Wallet ist, ganz simpel ausgedrückt, einfach nur ein Aufdruck auf einem Papier. Das klingt zwar ein wenig unlogisch, doch in Zeiten der QR-Codes ist dies kein Problem. Man sollte nicht vergessen, dass die Wallet nicht wirklich die Coins speichert. Man muss also keine neuen Dateien herunterladen oder irgendwelche Updates vornehmen. Die Wallet ist nur ein Schlüssel. Diesen kann man einmalig ausdrucken und immer wieder verwenden.

Auf der anderen Seite muss man sich vor Augen halten, welchen Wert dieses Papier verkörpert. Es ist der einzige Schlüssel zu den Coins. Verliert man diese Wallet oder wird sie beschädigt, dann sind auch die Coins in der Wallet unerreichbar und somit weg. Der Wert, den die Coins enthalten, kann auf der anderen Seite aber recht erheblich sein, daher ist ein besonders sorgfältiger Umgang mit der Paper-Wallet angeraten.

Der sorgfältige Umgang beginnt schon mit der Herstellung. Das ist der Moment, wenn die Wallet gegenüber Hackern am meisten anfällig ist. Besonders sollte man darauf achten, dass niemand eine Kopie der Paper-Wallet herstellen kann.

Die Herstellung beginnt man am besten damit, dass man sein System neu aufsetzt, damit es gegenüber Keyloggern und anderer Spysoftware sicher ist. Dann geht man ganz einfach online und öffnet das Programm, das die eigentliche Paper-Wallet herstellt. Dieses Programm kann, wenn es einmal geöffnet ist, auch ohne Verbindung mit dem Internet laufen. Daher trennt man die Verbindung dann sofort wieder. Jetzt genügt ein Klick und die Paper-Wallet wird generiert. Diese kann man dann wiederum ganz einfach ausdrucken. Dabei ist es aber wichtig, dass der Drucker selbst nicht mit dem Internet oder irgendeinem Netzwerk verbunden ist.

Nach dem Drucken der Wallet geht man nun in die Datei, die als Wallet auf dem Computer generiert wurde. Diese Datei löscht man jetzt. Vorsicht, wenn man eine Desktop-Wallet auf dem gleichen Computer hat. Diese wird dann gleich mitgelöscht. In diesem Fall sollte man eine Sicherheitskopie dieser Datei anlegen, bevor man die Paper-Wallet generiert. Nach dem anschließenden Löschen der Datei kann man die gespeicherte Version, die nicht die Paper-Wallet enthält, wieder auf den Computer laden.

Jetzt sollte man sich noch ein paar Gedanken über die Aufbewahrung machen. Die Paper-Wallet mag zwar gegen Hacker gut geschützt sein, doch sie ist nur Papier. Dieses kann beschädigt werden, verschmutzen oder verloren gehen. Daher sollte man sie am besten laminieren und an einem sicheren Ort aufbewahren. Wem Laminieren zu weit geht, der sollte sie zumindest in einen verschließbaren Plastikbeutel stecken. Sollten die gespeicherten Coins in ihrem Wert sehr weit steigen, dann wird es langsam Zeit, ein Bankschließfach in Erwägung zu ziehen.

Die Sicherheit

Die digitalen Coins können je nach Kryptowährung einen erheblichen Wert repräsentieren. Daher ist es keinesfalls falsch, sich Gedanken über deren Sicherheit zu machen. Das ist umso wichtiger, da die Coins normalerweise über ein Netzwerk transferiert werden und daher über dieses auch zugänglich sind. Damit ergeben sich verschiedene Sicherheitsanforderungen an verschiedene Phasen. Diese sind die Transfers selbst, die Aufbewahrung der Coins, die Sicherheit der Währung als solches und die Sicherheit des Netzwerkes.

Die Transfers

Normalerweise nimmt man Transfers von Geld über seine Bank vor. Dabei erteilt man der Bank den Auftrag zu einer Überweisung. Die Bank übernimmt die Verantwortung für den Vorgang und man selbst für die richtige Angabe der Informationen. Selbst, wenn man bei diesem Prozess einen Fehler macht, kann die Bank das Geld noch zurückholen.

Bei den digitalen Währungen dagegen ist man selbst eine eigene Bank. Man trägt die Verantwortung also komplett selbst. Dazu kommt, dass die Transfers endgültig sind. Man kann die Coins nicht einfach wieder zurückholen. Wer also einen Fehler macht, wenn er einen Transfer eingibt, kann sich von seinen Coins verabschieden.

Man kann auch seine Coins nicht einfach über einen anderen Weg zurückholen. Oftmals kennt man noch nicht einmal die Identität des Empfängers, denn dieser versteckt sich hinter einem Pseudonym, so wie man selbst. Es gibt also keine Verhandlung und kein Gericht. Was man verschickt hat, ist weg.

Käuferschutz, wie man ihn von PayPal und Co kennt, ist ebenfalls keine Option. Das liegt wiederum an der Endgültigkeit der Transaktionen. Einmal versendetes Geld kann man nicht mehr zurückholen. Man sollte also sehr sicher sein, dass die Ware auch wirklich auf dem Weg ist, bevor man bezahlt. Auf der anderen Seite bieten Smart Contracts eine beiderseitige Sicherheit bei Transfers.

Gut ist, dass der Geschäftspartner einen nicht anlügen kann. Man kann immer überprüfen, über wie viel Geld der andere verfügt. Damit kann niemand einen Reichtum vortäuschen, der in der Realität nicht besteht. Kurz, als Verkäufer weiß man, ob der Käufer bezahlen kann.

Solange man sich der eigenen Verantwortung bewusst ist, kann man die Eigenschaften der Blockchain zur Erhöhung der eigenen Sicherheit benutzen. Wenn man jedoch zu leichtsinnig an die Sache herangeht, bieten sich eine Menge Stolpersteine.

Die Aufbewahrung

Coins sind im Prinzip das Gleiche wie Onlinebargeld. Das bedeutet aber auch, dass Taschendiebe nicht weit sind. Der Unterschied zur realen Welt ist jedoch enorm. Ein Taschendieb muss sich in einem Einkaufszentrum oder woanders immer dicht an einen heranpirschen. Man kann sich also wappnen. Wann immer man in belebtere Gegenden geht, kann man etwas mehr Vorsicht an den Tag legen.

Eine Wallet kann ein Dieb jedoch Tausende Kilometer entfernt ausrauben. Das ist immer dann möglich, wenn die Wallet online ist. Diese ist immer dann online, wenn man sie verwendet. Selbst bei einer Paper-Wallet muss der QR-Code gelesen und übermittelt werden. In diesem Moment ist selbst diese Wallet angreifbar. Bei Hardware-Wallets besteht diese Gefahr, wann immer sie in den USB-Port eingesteckt sind, und bei anderen Geräten, wann immer diese online sind. Eine Online-Wallet ist ständig online und damit am anfälligsten.

Im Gegensatz zu einer Online-Wallet besteht bei den anderen Wallet nur immer dann eine Gefahr, wenn man mit ihr online ist. Daher kann man für diese Zeit gewisse Vorkehrungen treffen. Dazu gehören Firewalls und natürlich neue Anti-Viren-Programme. Updates sind ebenfalls Bestandteil des Minimalstandards.

Im Falle einer Online-Wallet empfiehlt es sich, zuerst den Anbieter dieser Wallet per Google zu hinterfragen. Im Falle von Betrügereien findet man dort sehr schnell einen Hinweis. Als Faustregel gilt, dass ein Anbieter umso vertrauenswürdiger ist, je länger er seine Dienstleistung online und ohne Beschwerden anbietet.

Nicht nur ist die Aufbewahrung der Coins selbst eine Angelegenheit, bei der man Sorgfalt an den Tag legen sollte, sondern auch die Aufbewahrung der Wallets. Wallets sind keine EC- oder Kreditkarten. Diese Karten bekommt man von der Bank, nachdem man sich dort ausgewiesen und sein Konto eröffnet hat. Sollte man diese Karten verlieren, dann hilft die Bank gern weiter.

Bei Kryptowährungen sieht das jedoch anders aus. Hier gibt es keine Bankinstitute, bei denen man sich ausweisen und eine neue

Wallet beantragen kann. Ist die Wallet weg, dann hat man keinen Zugang mehr zu seinen Coins. Das ist das Gleiche, als ob man die Coins selbst verloren hat. Während die Coins sich zwar noch in der Blockchain befinden, sind sie nämlich ganz und gar unerreichbar.

<u>Die Währung</u>

Keiner der digitalen Coins hat es bis jetzt zu einer gesetzlich anerkannten Währung geschafft. Keiner der Coins wird von einer offiziellen Bank angeboten oder angenommen. Auch, wenn der Bitcoin selbst seit 2009 im Umlauf ist, hängt seine Verwendbarkeit als Währung nach wie vor von der Gnade der einzelnen Händler ab. Daher ist es möglich, dass eine der digitalen Währungen oder sogar alle auch ganz schnell wieder von der Bildfläche verschwinden. Dazu gibt es eine Reihe von vorstellbaren Szenarios.

Die Coins unterliegen zum Teil sehr erheblichen Kursschwankungen. Das hat schon so manchen Händler dazu bewogen, keine Coins mehr zu akzeptieren. Dazu kommen Hypes. Vor allem der Bitcoin ist von einem Hype umgeben.

Hypes sind jedoch, wie jeder in der Welt der Aktien und Wertpapiere weiß, keine solide Grundlage für einen stabilen Kurs. Stattdessen bringen Hypes Blasen. Eine Blase jedoch ist ein ungerechtfertigt hoher Wert einer Aktie oder eines Wertpapieres. Blasen haben die Angewohnheit, irgendwann zu platzen. Das geschieht mit ziemlicher Regelmäßigkeit nach 10 Jahren. Der Bitcoin kam 2009 und derzeit haben wir das Jahr 2017. Jetzt kann sich jeder selbst seine Gedanken machen.

Währungen haben bereits, ebenso wie Aktien, ihre Hypes mit anschließenden Abstürzen erlebt. Die Fiatwährungen können sich jedoch auf Zentralbanken und Gesetze stützen. Kryptowährungen dagegen stützen sich auf einen Traum. Platzt die Blase, platzt der Traum.

Stürzt der Kurs nach einer geplatzten Blase, dann kommt es zu einem lawinenartigen Effekt. Die Preise verfallen und die Leute versuchen, ihre Coins abzustoßen, bevor sie noch mehr absinken. Auf diese Weise jedoch steigt das Angebot am Markt drastisch. Gleichzeitig will keiner in einen Coin bei einer soliden Talfahrt einsteigen. Sprich, dem steigenden Angebot steht eine sinkende Nachfrage gegenüber.

Die Folge ist leicht absehbar. Die Preise verfallen immer schneller. Das Ende lässt sich auch absehen. Während gesetzliche Währungen nicht verschwinden können, sind Kryptowährungen dazu durchaus in der Lage. Nach einem soliden Absturz besteht eine gute Chance, dass ein Coin es schafft, sich für immer zu verabschieden.

In diesem Szenario kommt es noch einmal gewaltig auf die Währung an. Ist es ein neuer Coin, der in den Abgrund fällt, sind die Auswirkungen vergleichsweise klein. Handelt es sich jedoch um einen großen Coin oder sogar dem Bitcoin selbst, dann reißt er womöglich alle anderen Coins mit ins Verderben.

Wem dieses Szenario zu weit hergeholt ist, der kann sich auf eine andere Möglichkeit stürzen. Die Banken wissen es schon lange und die Staaten kriegen es auch so langsam mit: Die Anonymität der digitalen Währungen macht sie zu einem idealen Mittel für kriminelle Organisationen, ihre Werte zu verschieben und zu waschen. Von Menschenschmuggel über Waffenhandel, von Drogenschmuggel bis

Terrorismus - am meisten profitieren diejenigen von den Coins, denen man mit Geldwäschegesetzen an den Kragen will. Wenn man diese Gesetze aber dank der digitalen Coins so einfach umgehen kann, dann sind diese Coins für die Staaten gefährlich.

Die Staaten haben die Gesetzeshoheit. Ihnen ist es möglich, diese digitalen Währungen ganz einfach zu verbieten. Dann ist es kein Problem, die Währungen auch wirklich abzuschaffen, denn diese müssen per Definition als Währung offen zugänglich sein. Ein versteckter Einsatz der Coins ist schlicht nicht möglich.

Wenn die Coins aber aufgrund eines Verbotes als Zahlungsmittel nicht verwendbar sind, haben nicht nur alle Besitzer der Coins ihr Geld verloren, sondern die gesamte Währung ist erledigt. Kein Händler, keine Börse und keine Wechselstube werden sich mehr um die digitalen Münzen kümmern.

Ist dieses Szenario ebenfalls zu unglaubwürdig? Wie wäre es mit einem natürlichen Alterungsprozess. Ja, die digitalen Coins können altern. Das liegt an ihrer Blockchain. Diese ist nur auf eine bestimmte Anzahl Münzen ausgelegt.

Die Miner verwalten die Blockchain. Dafür betreiben sie einen hohen Rechenaufwand, der sich in Kosten für die Anschaffung der Computer, den Strom und den Strom für die Kühlung niederschlägt. Die Folge ist, dass sie eine Entschädigung für ihren Aufwand brauchen. Damit nicht genug haben die Miner auch noch ein gesundes Streben nach Profit als Antrieb.

Die Miner erhalten als Lohn für ihre Arbeit und Entschädigung für ihren Aufwand, neu geschürfte Coins. Genau genommen ist ihre

Verwaltungsarbeit das Schürfen der Coins. Was aber, wenn alle Coins geschürft sind? Dann müssen die Miner von den Transfergebühren leben.

Die Transfergebühren sind im Moment noch sehr klein. Der Rechenaufwand für die Blockchain steigt jedoch permanent. Damit ist der Aufwand bald so groß, dass die Preise für die Transfers sehr in die Höhe gehen. Das gilt umso mehr, wenn die Coins alle geschürft sind. Dann liegt das Preisniveau in der Nähe der Gebühren der Banken. Für den gleichen Preis bekommt man mit den Coins jedoch weniger Sicherheit. Das sollte Viele dazu bewegen, vom Coin wieder auf das gute, alte Bankkonto umzusteigen. Auch dann wären die Coins als Währung am Ende.

Für den Prozess des Niedergangs durch das Alter ist aber nicht unbedingt nötig, bis ans Ende des Schürfens zu denken. Schon jetzt ist für den Bitcoin der Rechenaufwand so hoch, dass es sich kaum noch für die Miner lohnt. Jetzt aber bekommen sie noch immer neue Coins. Damit kann es schon bald dazu kommen, dass die Miner ihre Rechenzentren abstellen oder auf andere Coins umstellen. Ohne Miner jedoch ist die Blockchain erledigt und ohne Blockchain gibt es keine Transfers der Coins. Damit ist auch die Währung an ihrem Ende.

Das Netzwerk

Die Blockchain basiert auf einem Netzwerk. Das typische Netzwerk Internet ist ein Tummelplatz für all die Hässlichkeiten des Lebens. Das reicht von Viren über Würmer bis zu Hackern. Bisher jedoch konnten diese einem nicht wirklich das Geld aus der Tasche stehlen. Dank der Kryptowährungen bekommen sie allerdings eine Chance dazu.

Diese Entwicklung macht es umso mehr notwendig, einen großen Wert auf die eigene Netzsicherheit zu legen. Virenscanner, Firewalls und Updates gehören unumgänglich zu dem Mindeststandard, den es einzuhalten gilt. Der Bitcoin hat schon so manchen vom armen Schlucker in einen Millionär verwandelt. Ein ordentlicher Virus kann das jedoch in Sekunden umdrehen. Daher gibt es keinerlei Anlass zur Leichtsinnigkeit.

Bitcoin und Co

Wenn man mit Kryptowährungen Geld verdienen möchte, muss man auch wissen, welche Währungen es gibt. Im Prinzip gibt es zwei Arten von Kryptowährungen: die Bitcoins und die Alt-Coins. Das Wort „Alt" steht hier für „alternativ". Damit ergibt sich ein simples Bild. Es existieren Bitcoins und der Rest.

Die Coins unterscheiden sich wiederum in mehrerlei Hinsicht. Sie haben unterschiedliche Anliegen. Sie verwenden unterschiedliche Systeme und sie werden auf unterschiedliche Weise hervorgebracht.

Neben den Bitcoins und Alt-Coins gibt es noch die S-Coins. Das „S" steht für „Shit" oder „Schein". Damit sind die S-Coins nicht wirklich Coins. Sie wurden erschaffen, um Leute zu betrügen. Diese Coins werden nur verkauft, bis die Betrüger entlarvt oder genug Geld angehäuft haben, und werden dann vom Markt genommen. Damit sind die S-Coins keine echten Coins und haben nichts weiter in diesem Kapitel zu suchen. Sie werden uns jedoch später noch einmal beschäftigen.

Der Bitcoin

Manchmal fällt es schwer, die echte Nummer 1 zu finden. Bei den Coins jedoch ist das kinderleicht. Die absolute, unumstößliche Nummer 1 ist der Bitcoin. Das liegt nicht etwa daran, dass dieser Coin den größten Wert aufweist. Das trifft zwar im Moment zu, doch das kann sich theoretisch ändern. Das liegt auch nicht daran, dass der Bitcoin den größten Marktanteil besitzt. Auch das kann sich ändern. Was den Bitcoin für immer zur absoluten Nummer 1 macht, ist die simple Tatsache, dass er der Erste der digitalen Coins ist. Kein anderer digitaler Coin existierte davor.

Der Bitcoin wurde geschaffen, um die Macht der Finanzinstitute zu brechen. Er wird von den Minern geschürft und kann per Blockchain übertragen werden. Das Transferieren geht sehr viel schneller als eine Überweisung vor sich und kostet nur einen Bruchteil davon.

Wer sich am Bitcoin beteiligt, bekommt sofort und kostenlos eine Desktop-Wallet. Die Software hinter dem Bitcoin ist Open Source. Jeder kann sie einsehen und überprüfen. Damit steht fest, dass sich keine finsteren Gemeinheiten in dem Programm verstecken, denn bei den vielen Nutzern wäre schon jemanden dahin gehend etwas aufgefallen.

Auch wenn feststeht, dass der Bitcoin der erste Coin ist, ist seine Herkunft doch etwas diffus. Der Macher des Bitcoin ist Satoshi Nakamoto. Das Problem ist, dass dieser Name nur ein Pseudonym ist. Niemand weiß, wer sich dahinter verbirgt. Es kann sich um eine Person oder eine Gruppe von Personen handeln.

Der Bitcoin hat ein Protokoll, dass auf eine maximale Anzahl von 21 Millionen Coins ausgelegt ist. Dabei werden die Rechenoperationen, die die Miner zum Schürfen ausführen müssen, durch absichtliche Maßnahmen stark verkompliziert. Diese Verkomplizierung wird mit zunehmender Anzahl an Coins immer größer. Es wird also mit der Zeit immer schwieriger, neue Coins zu schürfen.

Hier steckt auch die Hauptgefahr für den Bitcoin. Das Mining kann ganz einfach unrentabel werden oder mit der Zeit nach Erreichen der Höchstzahl an Coins einfach eingestellt werden.

<u>Der Ethereum</u>

Der zweitgrößte Coin nach dem Bitcoin ist der Ethereum. Der Ethereum folgt dem Prinzip des Bitcoin, doch er dreht es um. Beide Coins haben eine Blockchain. Während die Blockchain jedoch für den Bitcoin da ist, damit dieser verwaltet und transferiert werden kann, dient der Ethereum seiner Blockchain. Er ist sozusagen der Treibstoff, der die Blockchain antreibt.

Der Bitcoin folgt dem rein finanziellen Aspekt. Es geht um das Übertragen von Werten. Der Ethereum möchte das Internet revolutionieren. Dazu haben die Macher des Ethereums die Smart Contracts geschaffen. Diese sollen über das Internet den Austausch von Waren oder Dienstleistungen gegen einen Wert erlauben. Der Wert ist der Ethereum. Der Ethereum ist gleichzeitig der Anreiz für die Miner, die Blockchain und die Smart Contracts zu verwalten. Damit ist der Ethereum einfach nur der Antrieb des Systems.

Es geht für den Ethereum also nicht direkt ums Geld, sondern einen philosophischen Ansatz. Danach ist das Internet einfach aus dem Ruder gelaufen. Anstatt Informationsfreiheit für jedermann zu schaffen, hat es den gläsernen Nutzer hervorgebracht. Das liegt daran, dass nicht jeder alle Informationen in das Internet direkt selbst hineinstellt. Vielmehr wird das Internet von den Servern und deren Eigentümern kontrolliert. Diesen gegenüber müssen sich die Nutzer identifizieren. Anstatt also Informationen zu erhalten, gibt man welche preis.

Die Blockchain des Ethereum soll es ermöglichen, anonym Software, Musik und andere Angebote zu nutzen. Dazu muss man sich nicht identifizieren und man erhält das Gewünschte gegen die Coins des Ethereum. Das ergibt einen dezentralen App- oder Musikstore. Dort werden dann die Angebote gläsern und nicht die Nutzer.

<u>Ripple</u>

Der Ripple unterscheidet sich erheblich vom Bitcoin und dem Ethereum. Er verwendet ein dezentrales Netzwerk, doch der Coin kann nicht geschürft werden.

Das Hauptanliegen des Ripples ist es, den internationalen Handel zu fördern. Dabei ist es wichtig, eine gemeinsame Währung zu haben. Diese Währung stellt der Ripple dar. Weiterhin sollen Transaktionen sehr schnell vonstattengehen, damit verzugslos bezahlt werden kann.

Da der Ripple nicht geschürft werden kann, haben die Macher des Ripple selbst alle Coins der Währung erstellt. Diese befinden sich noch überwiegend im Besitz der Macher des Coins und werden, je nach Marktlage, nach und nach den Nutzern zur Verfügung gestellt.

Das Hauptanliegen, den Handel zu fördern, bringt noch eine weitere Kuriosität. Der Ripple ist der einzige Coin, der zu Zahlungen genutzt werden kann, ohne dass der Zahlende über die nötigen Coins verfügt. Alle anderen Coins können von ihren Besitzern nur dann transferiert werden, wenn sie auch wirklich über die entsprechenden Coins verfügen. Im Handel ist es jedoch oftmals üblich, mit Krediten zu bezahlen. Diesem Trend folgt der Ripple. Man bezahlt also jetzt per

Smart Contract und die Coins folgen, wenn sie wirklich vorhanden sind.

Dash

Eine weitere, große Kryptowährung ist der Dash. Auch der Dash kommt mit einem Anliegen. Der Dash soll den Nutzern mehr Anonymität bringen. Damit ist er ein kleiner Rückschritt gegenüber den anderen Coins, denn die Anonymität verlangt ein zentrales System.

Bei den meisten Coins kann jeder ein Miner werden und jeder die gesamte Blockchain einsehen. Im Dash dagegen gibt es Mastercomputer. Nur diese Mastercomputer können die gesamte Blockchain einsehen. Sie genehmigen Transaktionen und pflegen die Blockchain. Damit können auch nur diese Mastercomputer sehen, welches Pseudonym was macht und über wie viele Coins verfügt.

Die Information ist aus den Händen der meisten Nutzer genommen und wird konzentriert. Das erlaubt Machtkonstellationen. Es bringt zwar dem Einzelnen mehr Sicherheit in Form der Anonymität, doch dem System mehr Unsicherheit. Ist die Macht zu gebündelt, steigt das Risiko von Fehlentwicklungen und Fälschungen.

Primecoin

Der Primecoin ist ein Vertreter der kleineren Währungen. Dieser Coin ist jedoch bereits am Markt etabliert und wird daher nicht so schnell verschwinden. Der Primecoin kommt ebenfalls mit einem eigenen Anliegen. Hierbei geht es um die Wissenschaft.

Wie bereits beim Bitcoin festgestellt, sind die Operationen der Miner vorsätzlich durch die Blockchain erschwert worden. Dabei steigt der Rechenaufwand mit der Anzahl der geschürften Coins. Das bedeutet aber auch, dass eine Menge Rechenleistung und Energie auf absichtlich erschwerte Berechnungen verbraucht wird. Diese Energie ist jedoch im Grunde genommen verschwendet, denn sie bringt niemandem etwas.

Der Primecoin möchte diese Verschwendung beenden. Auch die Blockchain des Primecoin bietet erschwerte Rechenoperationen. Diese werden aus dem gleichen Grund wie bei den anderen Coins eingeführt. Man will die Anzahl der Coins begrenzen. Würde man den echten Schwierigkeitsgrad verwenden, würden die Millionen von Coins innerhalb weniger Stunden alle geschürft sein.

Dem Primecoin geht es nicht um das Ende der erschwerten Berechnungen, sondern dem Ende der Verschwendung. Anstatt die Rechenoperationen durch sinnlose Berechnungen zu erschweren, geschieht dies beim Primecoin durch Berechnungen, die der Wissenschaft helfen. Dabei geht es um die Berechnung von Primzahlen und Ketten von Primzahlen. Die Ergebnisse dieser Berechnungen werden den Universitäten zur Verfügung gestellt.

Aus dem hier Gesagten lässt sich erkennen, dass es eine Reihe von Kryptowährungen gibt. Die hier vorgestellten Währungen sind nur eine sehr kleine Auswahl. Allein vom Bitcoin gibt es eine breite Auswahl an Untersorten.

Was man jedoch verstehen muss, ist, dass die meisten Coins ihre eigenen Anliegen haben. Ebenso muss man hinsichtlich der Auswahl, in welche Coins man investieren möchte, sehr vorsichtig sein. Am besten informiert man sich im Internet sehr genau über die fraglichen Coins.

Um die Spreu vom Weizen, also die Coins von den S-Coins, zu trennen, muss man einfach hinter die Coins sehen. Echte Coins werden frei gehandelt. Echte Coins haben ein eigenes Anliegen. Echte Coins haben oftmals ein Team, dass sich und seine Ideen komplett vorstellt.

Das Mining

Die meisten der neuen Kryptowährungen lassen sich schürfen. Dazu braucht man aber nicht zum nächsten Fluss gehen und sich dort mit Pickel und Schaufel zu betätigen. Vielmehr ist das Mining oder auch das Schürfen eine Rechenoperation.

Wie schon dargestellt, brauchen die Coins eine Blockchain. Die Blockchain wiederum braucht Rechenkraft. Sie braucht also Verwalter, die der Blockchain ihre Rechenkraft zur Verfügung stellen. Das sind die Miner. Sie pflegen die Blockchain und sie genehmigen die Transaktionen.

Wie ebenfalls schon dargestellt, sind diese Rechenoperation vorsätzlich verkompliziert. Der Aufwand wird dabei je nach Anzahl der vorhandenen Coins immer weiter erhöht. Dies schlägt sich in neuere Computer mit besseren Chips nieder. Dazu kommen höhere Energiekosten und Kühlung. Die Kühlung ihrerseits verbraucht ebenfalls Energie. Für diesen Aufwand wird der Miner entschädigt, indem er für jede erfolgreiche Operation eine Anzahl Coins erhält. Soweit gleichen sich die Währungen. Es gibt aber auch teils erhebliche Unterschiede.

<u>Bitcoin-Mining</u>

Der Bitcoin ist der erste Coin. Damit ist schon eine Menge davon auf dem Markt und die Rechenoperationen sind dementsprechend komplex. Somit lohnt sich hier ein Einstieg für neue Miner kaum noch.

Am Anfang ließ sich der Bitcoin ganz einfach mit dem heimischen Rechner schürfen. Das Problem ist aber, dass nur die schnellsten Miner die Coins bekommen. Dazu wurden die Rechenoperationen immer wieder angepasst und dementsprechend komplex.

Die Miner mussten also einander übertrumpfen und immer kompliziertere Rechenoperationen durchführen. Zuerst halfen schnellere Rechner. Bald jedoch benutzten gewitzte Miner die Grafikkarten der Computer.

Die Grafikkarten halfen für einen gewissen Zeitraum, doch auch sie stießen bald an ihre Grenzen. Dazu kommt, dass Grafikkarten sehr energiehungrig sind - der Aufwand stieg also. Damit nicht genug, überhitzen Grafikkarten leicht. Daher war eine verstärkte Kühlung notwendig, die ebenfalls mehr Energie verschlang.

Die Antwort auf dieses Problem war der ASIC-Chip. Dieser Chip ist direkt auf die Rechenoperationen für die Bitcoin-Blockchain ausgelegt. Damit kann der ASIC-Chip die Berechnungen weit schneller ausführen. Er verbraucht weniger Energie und er überhitzt nicht so schnell. Kurz, mit diesem Chip konnten die Coins schneller und billiger geschürft werden.

Bald war aber auch das nicht mehr genug. Heute gibt es nur noch wenige Rechenzentren, die den Bitcoin schlürfen. Diese befinden sich in Staaten mit niedrigen Strompreisen und in Regionen, die eine Kühlung natürlich unterstützen. Sie stehen also an einem kalten Ort, vorzugsweise in der Nähe von Wasser.

Ethereum-Mining

Das Mining des Ethereum ist stark mit dem Mining des Bitcoin verwandt, doch es gibt wichtige Unterschiede. Die Blockchain des Ethereum beinhaltet auch die Smart Contracts. Es gibt also mehr als nur bloße Transaktionen zu berechnen.

In der Blockchain des Bitcoin wird nur der schnellste Miner belohnt. In der Blockchain des Ethereum dagegen bekommt auch der zweitschnellste Miner noch ein paar Coins. Das liegt daran, dass die Berechnung der jeweiligen Operation um die 15 Sekunden dauert. Dabei wird aber alle 5 Sekunden ein neuer Block ausgewählt.

Ein Miner beginnt mit der Berechnung eines neuen Blocks, ohne dass er weiß, ob er denn am Ende etwas dafür bekommt. Damit kann der gesamte Aufwand umsonst sein. Dies wiederum könnte Miner abschrecken und die Blockchain könnte schnell ohne Verwalter dastehen. Daher wird neben dem schnellsten Miner auch der Zweitschnellste belohnt. Der schnellste Miner bekommt 5 Ethereum-Coins und der Zweitschnellste bekommt 2 oder 3 Coins.

Das größte Problem mit dem Ethereum-Mining ist jedoch, dass niemand weiß, wie es in der Zukunft ablaufen wird. Der Blockchain des Ethereum steht ein Update bevor und nur danach kann man abschätzen, ob sich das Mining lohnt und wie man dabei vorgehen muss.

Primecoin-Mining

Das Bitcoin-Mining ist sehr weit fortgeschritten und es ist schwer, dort noch einen Fuß in die Tür zu bekommen. Insbesondere wird man ohne die ASIC-Chips nichts mehr erreichen.

Das Ethereum-Mining ist noch profitabel, doch es ist schwer abzuschätzen, wie es sich weiterhin entwickelt. Erst muss man das angekündigte Update abwarten.

Eine Alternative ist das Mining eines kleineren Coins. Zum Beispiel bietet sich der Primecoin dafür an. Dort verschwendet man seine Energie nicht auf unnütze Berechnungen, die den Prozess absichtlich erschweren. Stattdessen leistet man einen Beitrag zur Wissenschaft.

Das Mining selbst ähnelt dem Bitcoin- beziehungsweise dem Ethereum-Mining. Man kommt jedoch ohne ASIC-Chips aus. Dadurch, dass noch nicht so viele Coins geschürft sind, reicht auch noch ein schneller Rechner. Natürlich ist eine ordentliche Grafikkarte kein Hindernis bei den Berechnungen.

<u>Die Vorgehensweise</u>

Will man wirklich mit dem Mining eines Coins beginnen, muss man sich erst mal mit dem Coin selbst befassen. Es macht keinen Sinn, einen Coin zu schürfen, der irgendwann wieder sang- und klanglos verschwindet.

Wer den Bitcoin oder den Ethereum schürfen möchte, geht auf Nummer sicher. Diese Coins werden zumindest in der nächsten Zukunft erhalten bleiben. Das Problem jedoch ist der hohe Rechenaufwand. Diese Coins gibt es schon lange genug und in so hoher Anzahl, dass ein Rechner daheim nicht genügt. Für den Ethereum muss man mehrere Computer zusammenschalten und gemeinsam arbeiten lassen. Für den

Bitcoin braucht man den ASIC-Chip und eine Menge Computer in einem Netzwerk.

Für die großen Coins, mit eingeschlossen natürlich Ethereum und Bitcoin, wird sich das Mining daheim allein kaum lohnen. Selbst, wenn man sein Appartement mit Computern überlädt, wird man kaum genug Rechenleistung erhalten, um mit den Miningzentren mithalten zu können. Es gibt aber zwei Wege, wie man sich dennoch beteiligen kann.

Der erste Weg ist es, seinen eignen Miningcomputer beziehungsweise sein eigenes Miningnetzwerk mit anderen Minern in einer Cloud zusammenzuschließen. Dann hat man die entsprechende Rechenkraft und kann auch tatsächlich Coins bekommen. Diese werden dann unter den beteiligten Minern aufgeteilt. Je mehr Rechenkraft man dieser Cloud zur Verfügung stellt, desto mehr bekommt man von den geschürften Coins.

Ein noch kürzerer Weg verzichtet auf das heimische Miningzentrum. Stattdessen mietet man direkt einen Cloudserver. Aber hier ist Vorsicht geboten. Die Mietpreise sind derzeit so hoch, dass man kaum noch einen Profit mit den geschürften Coins erwirtschaftet.

Wer sich also ernsthaft an das Mining einer Kryptowährung machen möchte, der sollte sich auf eine kleinere Währung konzentrieren. Hier ist es jedoch wichtig, sich über diese Währung erst einmal umfassend zu informieren. Es gilt abzuschätzen, wie lange und ob überhaupt sich diese Währung am Markt halten kann oder wie lange es dauert, bis sie sich am Markt etabliert hat. Das Risiko ist also höher.

Eine kleine Währung kann man direkt daheim schürfen. Die Coins sollte man aber nicht sofort auf den Markt werfen, sondern warten, bis ihr Wert hoch genug ist, dass sich ein Verkauf auch wirklich lohnt. Bis dahin gilt es, die Währung ständig zu beobachten, um eventuelle gefährliche Entwicklungen frühzeitig zu erkennen.

Die Anlage

Eine Anlage ist eine Investition für vorsichtige Leute. Dabei braucht man sich nicht ständig um Kurse und Entwicklungen zu kümmern. Man kauft sich in die Währung ein und hält diese über einen längeren Zeitraum. Am Ende verkauft man die Coins wieder und streicht seinen Profit ein.

Der Vorteil einer Anlage ist die relative Einfachheit, mit der man investieren kann. Die Coins haben Steigerungsraten erlebt, die weit über die 100 % hinausgehen. Damit braucht man kein großartiger Währungskenner zu sein, um eine erfolgreiche Währung herauszupicken. Man kann einfach Coins kaufen und der Entwicklung ihren Lauf lassen.

Diese Art der Investition verbraucht auch keine Zeit. Man muss nicht ständig die Kurse kontrollieren und Käufe beziehungsweise Verkäufe ausführen. Das lohnt sich also vor allem für die, die einen normalen Beruf haben und keine weitere Belastung brauchen können.

Wer jedoch auf besonders hohe Wertsteigerungen aus ist, geht schon ein Risiko ein. Dazu muss man nämlich vor allem in junge Coins investieren. Bei diesen Coins ist es allerdings nicht so leicht abzusehen, ob sie überhaupt echte Coins sind und wie sie sich entwickeln. Wer also in neue Währungen investiert, muss ein Auge auf den Markt halten. Ebenfalls muss man sich umfangreich informieren, um die Möglichkeit eines Betruges auszuschalten.

Für eine Anlage ist es auch wichtig, dass man in mehrere Währungen investiert. Bitcoin und Co haben bereits ihre Abstürze hinter sich. Diese können auch wieder in der Zukunft vorkommen. Dem beugt man vor, indem man eben nicht nur in *eine* Währung investiert.

Das Risiko kann man weiterhin klein halten, indem man nicht auf einmal sehr viel Geld einbringt, sondern jeden Monat ein klein wenig, eben das, was man entbehren kann, investiert. Dann tun die Verluste nicht weh und die Gewinnchancen rechtfertigen das Risiko.

Eine Anlage kann ebenfalls als Vermögensabsicherung dienen. Heute wird der Euro schnell durch die Inflation aufgefressen. Spareinlagen bringen nichts mehr. Auch, wenn die Vermögensabsicherung per se keine Investition ist, gleicht sie dennoch der Anlage in ihrer Durchführung und ihrem Effekt. Man kauft nämlich Coins und hält sie für eine lange Zeit, um einen langfristigen Gewinn zu erhalten.

Das Hauptziel einer Vermögensabsicherung ist es, dem Verlust des Vermögens vorzubeugen. Das wird ganz einfach durch die steigenden Kurse der Coins erreicht.

Für beides, Vermögensabsicherung und Anlage, braucht man ein rudimentäres Verständnis für die Währungen. Es ist wichtig, zu wissen, welche Währungen steigen. Da sie aber fast alle steigen, ist das kein Problem. Was man derzeit nicht braucht, ist eine umfassende Kenntnis der Börsen und anderen Marktplätze. Man muss aber wissen, wo man die Coins bekommt und wo man sie wieder abstoßen kann. Dazu stehen mehrere Wege zur Verfügung.

Ein Weg ist der direkte Handel. Man transferiert seine Coins zu einer anderen Person oder man bekommt Coins von einer anderen

Person. Partner für so ein Geschäft kann man auf Ebay, einfach online oder auf bestimmten Bitcoin-Partys oder ähnlichen Veranstaltungen, finden. Dabei gilt es aber, nicht unvorsichtig zu werden. Transaktionen sind endgültig, während Banktransfers und PayPal-Zahlungen rückgängig gemacht werden können. Man muss sich gegen solche Betrügereien absichern.

Eine weitere Möglichkeit, direkt Coins zu kaufen oder zu verkaufen ist auf online Marktplätzen. Zum Beispiel kann man diese auf Bitcoin.de und Kraken.com finden. Dort kann man sich registrieren und seine Coins direkt an jemand anderes verkaufen beziehungsweise von jemand anderem kaufen.

Auf den Marktplätzen stellen Käufer beziehungsweise Verkäufer ihre jeweiligen Angebote ein. Man kann sich dort unterhalten und die Preise verhandeln. Ist man sich einig, werden die Coins gegen Geld transferiert. Die Bezahlungen und Transfers geschehen automatisch und dementsprechend abgesichert. Dafür ist jedoch eine kleine Gebühr für den Marktplatz fällig.

Wem diese manuelle Suche und das Verhandeln zu kompliziert oder zeitraubend sind, der kann sich auf der Börse betätigen. Dort kann man online sein Konto eröffnen und seine Angebote zum Kauf beziehungsweise Verkauf einstellen. Im Gegensatz zu einem Handelsplatz sind diese Angebote jedoch Aufträge an die Börse. Die Börse wird dann automatisch nach den passenden Partnern suchen. Der Preis und die Menge müssen übereinstimmen und dann führt die Börse den Kauf beziehungsweise Verkauf automatisch aus. Für diesen umfassenderen Service ist aber auch eine höhere Gebühr zu entrichten.

Für eine Anlage braucht man dabei kein tieferes Wissen über die Börse. Alles, was man braucht, ist die Fähigkeit, den allgemeinen Kurs des Coins abzulesen und dementsprechend seine Aufträge für einen Kauf oder Verkauf einzugeben.

Noch unkomplizierter geht das Kaufen beziehungsweise Verkaufen der Coins in Wechselstuben, wie zum Beispiel Coinimal.com, vor sich. Dort wechselt man einfach seine gewünschte Anzahl Euros oder Coins in die jeweils andere Währung zum festen Preis der Wechselstube. Hierbei entfallen komplizierte Registrierungen und Identifizierungen. Dafür sind die Gebühren aber höher. Die Wechselstuben ihrerseits handeln dann mit den Coins an Onlinebörsen beziehungsweise auf den Marktplätzen für Kryptowährungen.

Der Handel

Eine Anlage ist eine an sich gute Investition in einen Coin. Das Halten des Coins über einen längeren Zeitraum bedeutet, dass man den gesamten Profit durch die Preissteigerung des Coins erhält. Es bedeutet aber auch, dass man diesen Profit nur einmal über diesen längeren Zeitraum hinweg erhält. Ebenso bedeutet es, dass man mit dem Coin abstürzt, sollte der Coin das Ende seines Lebens erreicht haben.

Der Handel mit den Coins vermeidet das Risiko. Man hält den Coin nicht über eine lange Zeit, sondern immer nur über Wochen, Tage oder manchmal auch nur Stunden. Das Ziel dabei ist, den Profit sofort einzustecken. Daraus resultiert, dass der Profit klein ist. Da man aber den kleinen Profit viele Male über die gesamte Steigerung des Coins verbucht, bekommt man damit mehr Geld als mit einer Anlage.

Der Handel verringert das Risiko, mit einem Coin in den Abgrund gerissen zu werden. Wenn ein Coin abstürzt, dann muss man diesen auch halten, damit man von dem Absturz betroffen ist. Die Idee des Handels ist es aber, die Coins schnell zu kaufen und zu verkaufen. Die Wahrscheinlichkeit, dass man einen gerade abstürzenden Coin hält, ist gering.

Da man einen Coin mehrmals über seinen Aufschwung hinweg kauft und verkauft, realisiert man mehrmals einen Gewinn. Sollte man dann doch einmal in den Strudel eines Absturzes gerissen werden, dann ist das nur ein kleiner Verlust verglichen mit einer Anlage.

Der Handel birgt also ein geringeres Langzeitrisiko. Auf der anderen Seite birgt der Handel gewaltige Kurzzeitrisiken. Man kann sich jederzeit auf den falschen Coin setzen und dann anstatt eines kleinen Profites einen Verlust einfahren.

Um das Risiko zu begrenzen, muss man sich mit der Materie des Handels bestens auskennen. Dazu muss man auch diverse Strategien beherrschen, die das Risiko weiter minimieren. Damit wird man zwar nicht die Verluste ganz vermeiden, doch man begrenzt sie genug, dass man immer noch einen Gewinn machen kann.

Wer an den Handel mit Coins denkt, sollte nicht von einer Gewinnmaximierung ausgehen. Am Anfang sollte man einfach nur auf eine Verlustminimierung aus sein. Damit macht man es möglich, dass man mit erträglichen Verlusten lange genug handeln kann, um die nötige Erfahrung zu sammeln. Mit der Erfahrung wächst man auch als Händler. Damit hat man dann über die Zeit hinweg die Chance, zu einem der ganz Erfolgreichen zu werden.

Als Händler muss man aber auch Einiges an Zeit investieren. Man muss die Kurse der Coins jeden Tag im Blick haben und nach günstigen Voraussetzungen Ausschau halten. Dabei gibt es Strategien, die mehr Zeit als andere benötigen. Als Faustregel kann man aber sagen, dass eine Strategie umso riskanter ist, je kürzer sie in ihrer Ausführung ist. Zu den riskantesten Strategien gehören daher die Scalping-Strategien, denn diese beziehen sich auf einen Zeitrahmen von nur 16 Minuten täglich.

Für Händler ist es unumgänglich, gewisse Begriffe zu kennen, Analysen durchführen zu können und bestimmte Strategien zu verfolgen. Diese werden hier nun im Folgenden kurz erläutert. Wer nach dem Studium dieses Kapitels noch immer daran denkt, ein Händler zu werden, sollte weitere Recherchen im Internet betreiben, denn hier gibt es nur die allgemeinen Grundlagen.

<u>Die Börse</u>

Das Wichtigste für einen Händler ist die Börse. Dies ist der Handelsplatz, auf welchem man die Geschäfte durchführt. Es wurden zwar im Kapitel über die Anlage andere Möglichkeiten des Kaufes oder Verkaufes von Coins behandelt, doch für einen Händler sind diese Wege nicht vorteilhaft.

Marktplätze sind zu zeitaufwendig, denn hier muss man alle Geschäfte manuell durchführen. Man muss also selbst nach den richtigen Angeboten suchen und dann noch einmal in Verhandlungen treten. Das raubt einfach zu viel Zeit.

Wechselstuben sind nicht rentabel. Als Händler macht man oftmals nur Gewinne von einigen wenigen Prozent oder gar nur einem Prozent. Daher sind die hohen Gebühren, die eine Wechselstube aufruft, einfach ein Killer des Geschäftes. Hinzu kommt, dass die Kurse einfach nicht aktuell sind. Dabei kommt es auf Aktualität besonders an, denn man will noch jeden möglichen Prozentpunkt als Gewinn ausquetschen.

Börsen dagegen bieten eine Menge Vorteile. Dort kann der Handel automatisiert werden. Man gibt einfach eine Kauf- oder Verkaufsorder an seinen Broker oder an die Börse und die Börse findet dann automatisch das passende Angebot.

Gleichzeitig bietet die Börse immer die aktuellsten Informationen. Dort kann man also auf die Sekunde genau den Kurs der Coins ablesen und damit auf Trendentwicklungen entsprechend schnell reagieren.

Börsen verlangen zwar ebenfalls einen Preis für jedes Geschäft, doch wenn man richtig vorgeht, halten sich diese Kosten in Grenzen. Damit ist die Börse der beste Ort, um als Händler mit den Coins einen Profit zu machen.

Der Kurs

Börsen verfolgen den Kurs der Aktie. Da es sich bei den Coins um Onlinebörsen handelt und alle Geschäfte automatisch abgeschlossen werden, ist der Kurs sehr aktuell. Er wird mehrmals pro Sekunde auf den neuesten Stand gebracht.

Um den Kurs zu verstehen, muss man jedoch wissen, dass es „den Kurs" überhaupt nicht gibt. Jeder Coin, ebenso wie jede Aktie oder jedes Wertpapier, hat im Grunde genommen drei Kurse. In den Charts wird zwar immer nur einer davon angezeigt, doch dieser ist eigentlich ein Trugschluss.

Der Kurs, den man in der Börse zu sehen bekommt, ist der sogenannte historische Kurs. Dieser Kurs hat absolut keine Aussagekraft für die Zukunft. Dieser Kurs zeigt nur die Vergangenheit an. Dieser Kurs ist der Preis, zu welchem der Coin bei seinem letzten Kauf beziehungsweise Verkauf gehandelt wurde.

Hieraus ergibt sich gleich ein weiterer Fakt, den man über die Börse wissen muss. Die Börse macht nicht den Kurs. Die Börse nimmt nur die Aufträge über Kauf und Verkauf auf, und führt diese aus, sobald sich bei einem Kauf und einem Verkauf die Anzahl der Coins und deren Preis decken. Dann erhält man einen sogenannten Match. Die Coins und das Geld werden übertragen und der Verkauf kommt als historischer Kurs in den Chart.

Wie gesagt, der historische Kurs zeigt nur die Vergangenheit an und hat keine Aussagekraft über die Zukunft. Niemand kann vorhersagen, zu welchem Preis der Coin beim nächsten Match gehandelt wird.

Die Börse nimmt die Aufträge auf. Diese Aufträge kommen in eine Datei und aus ihnen ergibt sich der Geld- und der Briefkurs. Der Geldkurs repräsentiert den höchsten Preis für die jeweiligen Coins, den Jemand zu zahlen bereit ist. Haben also mehrere Personen einen Kaufantrag in die Börse gestellt, ohne dass dabei ein Match mit einem Verkaufsantrag zustande kommt, dann bildet der Geldkurs den höchsten Kaufpreis aus den verschiedenen Aufträgen ab.

Der Briefkurs wiederum repräsentiert den Verkaufspreis. Aus allen Verkaufspreisen wird der niedrigste Preis, zu dem jemand bereit ist, die Coins zu verkaufen, als Briefkurs angegeben.

Zwischen dem Geld- und dem Briefkurs befindet sich eine Lücke. Der Briefkurs liegt immer über den Geldkurs, das heißt, der niedrigste Verkaufspreis ist höher als der höchste Kaufpreis. Das muss so sein, denn sonst ergäbe sich ein Match und die Börse würde den Handel ausführen.

Die Charts

Der Kurs wird in den sogenannten Charts angezeigt. Dabei ist der angezeigte Kurs immer der historische Kurs. Jeder kennt die Liniendiagramme, die man in den Börsennachrichten sieht. Als Händler aber muss man die sogenannten Kerzencharts kennen.

Die Kerzencharts zeigen wesentlich mehr Informationen als die Liniencharts an. Damit sind sie besser geeignet, um aktuelle Trends und Bewegungen zu erkennen. Nehmen wir einfach einen Kerzenchart.

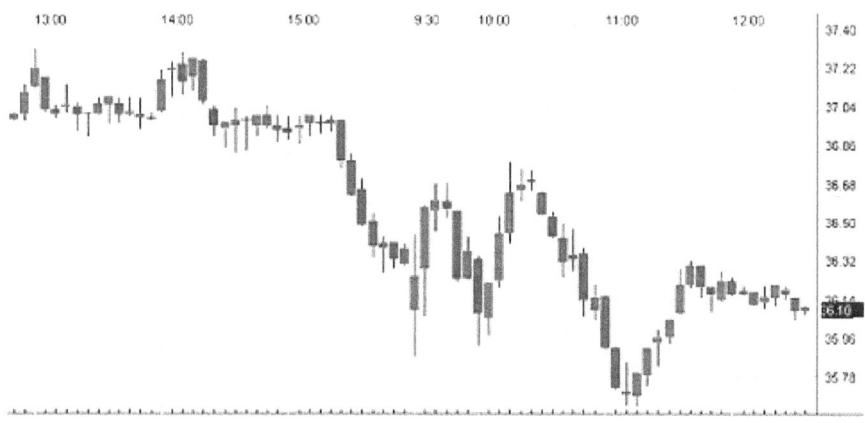

In diesem Chart wird man mehrere Kerzen entweder in Grün und Rot oder Schwarz und Weiß sein. Diese Kerzen beziehen sich auf einen bestimmten Zeitraum. In einem Monatschart kann dies ein Handelstag sein. In einem Stundenchart kann es sich um eine einzelne Minute handeln.

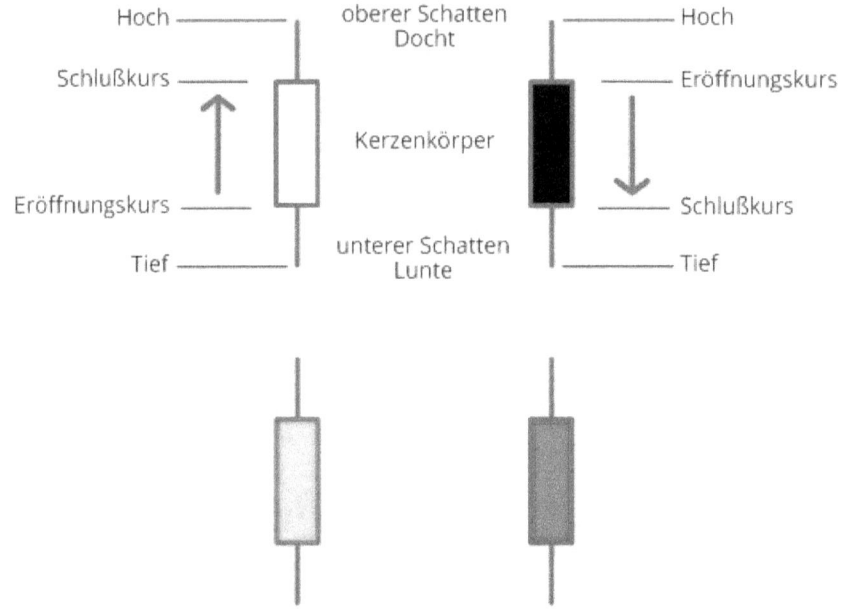

Diese Kerzen zeigen insgesamt 4 Informationen an. Der Docht oder die gerade Linie gibt den Höchst- und den Tiefststand einer Aktie über eine bestimmte Periode an. Die Kerze selbst zeigt den Eröffnungs- und den Schlusskurs für den Zeitraum.

Liegt der Eröffnungskurs über dem Schlusskurs, dann ist der Coin gefallen. Die Kerze ist nun rot oder schwarz. Liegt der Schlusskurs über dem Eröffnungskurs, dann ist der Coin gestiegen. Die Kerze ist nun entweder grün oder weiß.

Neben den Kerzen und dem historischen Kurs kann man sich in einem Chart weitere Indikatoren anzeigen lassen. Das ist wichtig, damit man damit eine Kursanalyse anstellen kann und dementsprechend Trends abzuleiten vermag.

Der wichtigste Indikator ist der gleitende Durchschnitt, englisch Moving Average oder MA abgekürzt. Der gleitende Durchschnitt ergibt sich aus dem durchschnittlichen Wert einer Aktie über einen bestimmten Zeitraum. Zum Beispiel zeigt der MA 20 den Durchschnitt der letzten 20 Tage.

Der gleitende Durchschnitt wird ständig neu gebildet. Dabei fliegt der letzte Tag hinaus und wird durch den neuen Tag ersetzt. Auf diese Weise ändert sich der MA über die Tage hinweg und ergibt eine eigene Kurslinie.

Das 9/30-Setup

Eine der einfachsten Strategien für Händler ist das 9/30 - Setup. Damit ist es relativ leicht, einen beginnenden, kräftigen Aufschwung zu erkennen und auszunutzen, indem man sich in die Währung einkauft. Ebenso kann man umgekehrt eine Verlangsamung des Aufschwungs erkennen und dann entsprechend diese Währung wieder verkaufen.

Für das 9/30 - Setup braucht man zunächst zwei Charts, einen Wochen- und einen Monatschart. Im Monatschart geht es darum, einen Coin zu finden, der den letzten Monat überwiegend gestiegen ist. Hat man diesen gefunden, kann man im Wochenchart sehen, ob sich der Aufwärtstrend aktuell fortsetzt. Ist auch dies gegeben, dann ersetzt man den Monatschart mit dem Tageschart.

In beiden Charts zeigt man nun zwei gleitende Durchschnitte an, den MA 9, also den gleitenden Durchschnitt der letzten 9 Tage, und den MA 30. Der MA 30 zeigt ein Bild der letzten Tage und bewegt sich relativ gesehen wenig auf und ab. Der MA 9 zeigt den Durchschnitt für einen kürzeren Zeitraum und bewegt sich weit heftiger. Befindet sich der MA 9 beinahe konstant über dem MA 30, dann ist es Zeit für einen längeren Handel. Kreuzt der MA 9 mehrfach den MA 30, dann ist es Zeit für einen kürzeren Handel.

Im langen Handel wartet man nun auf eine Kursabflachung. Der MA 9 bewegt sich dabei auf den MA 30 zu. Jetzt heißt es noch immer warten. Befindet sich jetzt eine grüne Kerze komplett über dem MA 9, dann ist das ein Indikator, dass der MA 9 und damit der Coin, gleich wieder kräftig anzieht. Jetzt gibt man einen Kaufauftrag mit einem Preis etwas über dem MA 9. Sofort wird dieser Auftrag ausgeführt.

Jetzt hält man diesen Coin. Da sich im langen Setup der MA 9 praktisch konstant über dem MA 30 befindet, dauert es einige Stunden oder Tage, bis man einen guten Gewinn erzielt hat. Man wartet vor allem darauf, bis der MA 9 wieder abflacht. Dazu verfolgt man den Wochenchart. Befindet sich eine rote beziehungsweise schwarze Tageskerze komplett unterhalb des MA 9, dann zeigt das eine beginnende Kursabflachung an und man verkauft den Coin wieder.

Im kurzen Setup kreuzt der MA 9 den MA 30 mehrfach. Man wartet, bis der MA 9 unterhalb des MA 30 liegt und eine grüne beziehungsweise weiße Tageskerze komplett oberhalb des MA 9 liegt. Das zeigt einen beginnenden Anzug des Kurses. Jetzt sendet man seinen Kaufauftrag ab.

Den Coin muss man jetzt aufgrund der stärkeren Schwankungen nicht so lange halten. Man wartet nur, bis der MA 9 komplett über dem MA 30 liegt und sich eine komplette Tageskerze unterhalb des MA 9 befindet. Dann wird es Zeit für den Verkaufsauftrag.

Das Scalping

Scalping-Setups sind gefährlich aber auch von Vorteil. Sie sind gefährlich, weil selbst erfahrene Leute in einem solchen Setup Probleme haben, das richtige Muster zu erkennen. Sie sind von Vorteil, weil sie nur eine kurze Zeit des Tages benötigen und innerhalb dieser kurzen Zeit erhebliche Kursschwankungen möglich sind.

Üblicherweise werden Scalping-Setups als 15-Minuten-Setups beschrieben, doch das ist nicht ganz richtig, denn es handelt sich mehr um 16 Minuten. Die ersten 15 Minuten dienen der Analyse des Charts und die 16. Minute dient dem eigentlichen Handel.

Das Setup beginnt mit einer Börse, die Handelszeiten hat. Die Kurse der Coins werden am Ende eines Handelstages geschlossen und am nächsten Handelstag wieder eröffnet. Dazwischen befindet sich eine Zeit, in der kein Handel möglich ist. Man kann zwar seine Aufträge eingeben, doch sie werden erst nach Eröffnung des Handelstages ausgeführt.

Aus dieser Lücke zwischen den Handelstagen ergibt sich eine gewisse Volatilität des Coins. Diesen Umstand nutzt das Scalping aus. Innerhalb der ersten 15 Minuten des neuen Handelstages findet eine Kursanpassung mit teils heftigen Kurssprüngen statt. Diese Kursanpassung verfolgt man.

Will man den Coin kaufen, dann setzt man seinen Preis auf das untere Limit der Kursausschläge der ersten 15 Minuten. Den Auftrag versieht man mit einem Zeitstopp von einer Minute. In dieser einen Minute kauft man also die Aktie zu einem sehr günstigen Preis.

Den Verkauf der Aktie setzt man dann wieder in Form eines Scaplings um. Dazu beginnt man wieder mit den ersten 15 Minuten des Handelstages. Wieder setzt man den Verkaufspreis auf das Limit des Kursauschlages, diesmal aber nach oben. Jetzt kann man einen Zeitstopp oder einen Preisstopp verwenden. Als Zeitstopp ist eine Minute wieder sehr nützlich. Wer das nicht möchte, setzt einen Preisstopp der dem Mittelwert der Kursbewegungen der ersten 15 Minuten entspricht.

Das Scalping kostet also gerade einmal 16 Minuten eines Tages und ist daher für Händler gut geeignet, die noch einen Tagesjob haben. Die gewaltigen Kurschwankungen und der zeitliche Druck machen es jedoch für Anfänger zu einem schwierigen Setup. Man muss schnell die richtigen Entscheidungen fällen. Mit ein bisschen Erfahrung ergeben sich aber günstige Profitaussichten.

Der Ausstieg

Als Händler ist es immer schwer, den richtigen Ausstieg aus einer Position zu finden. Eine Position kann entweder der Kauf, der Verkauf oder das Halten eines Coins sein. Wer hier nicht die richtige Gewichtung legt, der endet schnell bei einer Anlage und eventuell bei einer schlechten Anlage. Daher muss man sich bestimmte Ausstiegsstrategien zurechtlegen, bevor man mit dem Handel beginnt.

Der wichtigste Punkt für einen erfolgreichen Händler ist der Gewinnstopp. Hierbei setzt man sich ein Gewinnziel. Wird dieses erreicht, dann stößt man den Coin ab. Der Coin mag danach weiter steigen, doch der Verkauf jetzt, zu eben diesem Zeitpunkt, ermöglicht eine Realisierung der Gewinne. Danach kann man erneut in den Coin einsteigen, wenn er günstig aussieht und erneut einen Gewinn erzielen. Nicht vergessen, viele kleine Gewinne sind größer als ein einzelner, hoher Gewinn.

Der zweitwichtigste Ausstieg ist der Verluststopp. Mitunter können Coins eine Talfahrt durchmachen. Für Anleger ist das kein großes Problem. Diese realisieren den Verlust nicht, sondern halten den Coin einfach weiter, bis er wieder nach oben geht. Für den Händler jedoch bedeutet ein langes Halten, dass das Geld gebunden ist und man anderweitig keinen Gewinn erzielen kann. Neben einer gewissen Zeit bis zu einem Aufschwung kann ein solcher bei einer Talfahrt sogar unrealistisch sein. Daher sollte man sich einen Stopp auferlegen. Wenn ein entsprechender Verlust eingetreten ist, dann steigt man einfach aus dem Coin aus und versucht mit einem anderen Coin einen Profit zu erzielen.

Der nächstwichtigste Stopp ist der Zeitstopp. Als Händler braucht man Schwankungen. Sind die Kursschwankungen jedoch nicht ausreichend stark, dann sollte man nach einer bestimmten Zeit die Währung einfach wieder abstoßen. Hat man sein Geld damit befreit, kann man anderweitig mit anderen Coins einen Profit machen. Wer zu lange wartet, der bindet nur seine Finanzmittel unnötig.

Ein weiterer wichtiger Stopp ist der Ausstieg am Markt. Wenn man sieht, dass die Währung einfach nicht die gewünschte Richtung einschlägt, dann steigt man einfach am Marktpreis wieder aus, damit man sein Geld in andere Coins investieren kann.

ICO

Wem der Handel zu aufregend oder zu aufwendig ist und wer dennoch große Gewinne einfahren möchte, der kann sich auf ICO und den damit verbundenen Fundingprojekten verlegen. ICO ist Englisch und steht für Initial Coin Offering.

ICO und Funding geschehen zusammen. Damit wird eine neue Kryptowährung aus der Taufe geholt, indem sie vorfinanziert wird. Dazu erklären die Macher der neuen Währung ihr Projekt und bitten um finanzielle Unterstützung. Als Gegenleistung erhält man dann Coins der neuen Währung.

Die Idee ist, dass man die ICO-Coins sehr billig bekommt. Beginnt dann die neue Währung ihren üblichen Anstieg, dann hat man genug Chancen auf große Gewinne. Dieser hohen Profitmöglichkeit stehen aber auch erhebliche Risiken gegenüber.

Neue Währungen entpuppen sich nur allzu oft als Betrug. Damit stecken Investoren ihr Geld in die Währung, doch sie wird nie wirklich auf den Markt geworfen. Damit wird sie nie zu einer Währung. Stattdessen erhält der Investor nur ein paar wertlose Coins. Sind die Betrüger mit ihrem Gewinn zufrieden oder werden sie entlarvt, dann setzen sie sich einfach mit dem Geld ab.

Aber auch dann, wenn die neuen Währungen kein Betrug sind, ist ein Funding gegen ICO sehr riskant. Niemand weiß, ob sich die neue Währung überhaupt am Markt etablieren kann. Dazu muss sie gehandelt und von Händlern als Zahlungsmittel akzeptiert werden.

Um die Risiken in dieser Strategie zu senken, muss man sich umfassend über das Projekt informieren. Wer sind die Hintermänner? Was ist die Idee des Coins? Wie wird der Coin erstellt und wie soll er gehandelt werden? Nur so kann man abschätzen, ob es sich um einen echten Coin handelt und welche Chancen dieser am Markt hat.

Ponzi lässt grüßen

Ponzi-Schemes werden in Deutschland als Pyramidenspiele bezeichnet. Dabei ist die Bezeichnung „Spiel" nicht immer richtig. Solange es sich um das gegenseitige Beschenken oder um Gewinnspiele handelt, bei denen man durch die Rekrutierung neuer Mitglieder einen Gewinn erzielt, mag das Pyramidenspiel als Bezeichnung zutreffen. Ponzi-Schemes, wie dieses System im Englischen heißt, beziehen sich jedoch mehr auf Investitionen und sind damit keineswegs ein Spiel.

Die Bezeichnung „Ponzi-Scheme" kommt dabei von Charles Ponzi, dem Erfinder dieser Art des Betruges. Ein Ponzi-Scheme zielt auf eine Investition ab. Vermeintliche Investoren werden mit hohen Gewinnmargen angelockt. Die eigentliche Investition hat dabei keinen oder fast keinen Wert. Es wird also kein Gewinn erwirtschaftet. Das ganze Einkommen wird durch die Beiträge der Mitglieder erwirtschaftet.

Ein Ponzi-Scheme zielt darauf ab, die Investoren dazu zu bewegen, ihr Geld nicht aus der vermeintlichen Investition abzuziehen. Sollte jedoch ein Investor aussteigen wollen, werden zumindest die Ersten davon mit hohen Gewinnen belohnt. Damit erhält das System den Anschein von Ehrlichkeit. Die Gewinne wurden jedoch nicht wirklich erwirtschaftet. Vielmehr erbringen die Einlagen der anderen Investoren das Geld, welches die Aussteiger als vermeintlichen Gewinn ausgezahlt bekommen.

Die Macher eines Ponzi-Schemes bieten den Investoren jede Menge Anreize, ihr Geld nicht aus der Investition abzuziehen. Da diese keine echten Gewinne abwirft, bereichern sich die Macher eher an den Einlagen. Daher werden die Investoren immer ermuntert, ihre Gewinne nicht abzuziehen.

Pyramidenspiele zielen auch immer auf neue Rekrutierungen ab. Im Ponzi-Scheme geschieht das Gleiche. Es besteht aber ein Unterschied dahin gehend, dass Pyramidsysteme die Investoren ermutigen, neue Investoren zu finden. Die ursprünglichen Ponzi-Schemes betreiben jedoch ihre eigenen Anwerbungsstrategien.

Ponzi-Schemes können über Jahre hinweg funktionieren. Sie brechen erst dann zusammen, wenn zu viele Investoren ihre Investitionen abziehen und ihre Gewinne realisieren wollen. Wenn es dann nicht genug neue Einlagen gibt, um die Aussteiger zu bezahlen, dann ist das Scheme am Ende.

Die Schwierigkeit in einem Ponzi-Scheme, als Investor, liegt darin, das System als solches zu erkennen. Als Faustregel gilt jedoch, dass hohe Gewinnversprechungen und undurchsichtige Investitionen generell suspekt sind. Die Schwierigkeit bei Kryptowährungen liegt allerdings in ihrer Neuheit. Da kaum jemand so richtig diese Währungen versteht, eignen sich Ponzi-Schemes hier besonders.

In einer Währung können Ponzi-Schemes vor allem auf zwei Wegen eingesetzt werden. Das Erste und Häufigste ist das Erschaffen einer falschen Währung. Die Coins sind nicht echt. Sie werden nicht geschürft. Sie werden nicht gehandelt und man kann sie zu nichts verwenden. Diese gesamte Währung lebt nur davon, dass immer neue

Investoren Geld in sie einbringen und dafür direkt von den Machern der vermeintlichen Währung die vermeintlichen Coins erhalten.

Diese Form eines Ponzi-Schemes mit einer Währung kann noch erweitert werden. Dabei werden die Besitzer der vermeintlichen Coins dazu ermutigt, neue Investoren zu finden und diesen ihre Coins zu verkaufen. Dabei steigt der Preis der vermeintlichen Coins unaufhörlich.

Wie kann man sehen, ob man einem solchen Ponzi-Scheme aufgesessen ist? Das typische Merkmal von Ponzi-Schemes sind Versprechungen, die zu gut sind, um wahr zu sein. Ein Coin, der permanent ansteigt, ist sehr wahrscheinlich ein solcher Coin. Diese Coins werden auch S-Coins oder Shit-Coins genannt. Jeder Coin unterliegt Schwankungen. Es ist also unmöglich, dass ein echter Coin einfach nur permanent nach oben geht.

Weiterhin werden die Coins eines Ponzi-Schemes nicht an Börsen oder Handelsplätzen gehandelt. Ebenso werden keine Händler sie in ihren Geschäften akzeptieren. Wenn ein solches Ponzi-Scheme zusammenbricht, dann haben die Investoren nichts mehr. Ihr Geld ist weg und die vermeintlichen Coins sind wertlos.

Der zweite Weg, mit einer Kryptowährung ein Ponzi-Scheme aufzubauen, nutzt eine bestehende Währung aus. Die Währungen lassen sich problemlos weltweit verschieben. Damit können sich die Macher eines solchen Schemes eine Investition in einem anderen Land ausdenken. Da man die örtlichen Gegebenheiten nicht kennt, fällt man nur allzu leicht auf Betrügereien herein. Die Investition wird dann in den Coins einer Kryptowährung erbracht.

Diese Art des Ponzi-Schemes lässt sich noch schwerer erkennen. Es ist schwer, die Investition vor Ort zu überprüfen. Investoren können aussteigen und entsprechend ihren Gewinn erhalten. Dass dieser vermeintliche Gewinn aus den Einlagen anderer Investoren stammt, kann man dabei kaum feststellen.

Auch bei diesem Weg eines Ponzis kann man jedoch Anzeichen für den Betrug erkennen. Das Erste sind Versprechungen, die einfach zu gut sind. Weiterhin haben Ponzi-Schemes immer Anreize, die Einlagesumme nicht abzuziehen. Je stärker diese Anreize sind, desto wahrscheinlicher ist man einem Ponzi aufgesessen.

Was aber, wenn man selbst erkennt, dass man sich in einem Ponzi-Scheme befindet? Ein Problem ist die internationale Situation. Nicht immer sind derartige Betrügereien in den Ländern verboten, in denen sie stattfinden. Solange man aber nur sein eigenes Geld in diese Investition gesteckt hat, sollte man es schnellstens dort abziehen.

Besteht ein schwerer Verdacht, dass es sich wirklich um einen Ponzi handelt, sollte man in jedem Fall die Polizei informieren. Das dient auch der eigenen Sicherheit. Wer nämlich weiß, dass es sich um ein Ponzi-Scheme handelt und dann vielleicht sogar noch andere Investoren rekrutiert, macht sich eventuell sogar selbst strafbar.

Ist man einmal einem Ponzi aufgesessen, dann ist das keine schöne Erfahrung. Nach deutscher Rechtsprechung kann das zumindest alle realisierten Gewinne kosten. Diese bestehen schließlich aus den Anlagen anderer Opfer des Betruges.

Um jedes Risiko zu vermeiden, sollte man also nur bei Währungen einsteigen, die sich bereits am Markt etabliert haben. Es ist auch kein Fehler, einfach mal die Währung zu googeln. Dann entdeckt man schnell, ob sich etwas Anderes dahinter verbirgt. Das Gleiche gilt bei Investitionen, die man über eine Kryptowährung vornimmt.

Tatsache ist, dass Kryptowährungen noch immer jung sind und niemand sie so richtig versteht. Dabei ist aber gerade eine Grundregel für Investoren, ihr Geld niemals in etwas zu stecken, das sie nicht durchschauen. Darum recherchiert man einfach einmal etwas zu viel als etwas zu wenig. Ebenso lässt man schlicht die Finger von allem, was zu gut klingt.

Die Ausführung

Wie also fängt man es nun an, mit den Kryptowährungen Geld zu verdienen? Nun, als Erstes liest man sich schlau. Dann wählt man einige, wenige Währungen aus und schaut sich deren Kurse auf den Charts an.

Für Anfänger in Sachen Aktienhandel beginnt die Chartanalyse mit einem Verständnis der Charts. Für diejenigen, die schon Aktien gehandelt haben, lässt sich das Wissen auf die Coins und dem Handel mit ihnen übertragen.

Über Tage und Wochen hinweg sollte man seine Lieblingswährungen beobachten. Dann kann man sich entscheiden, wie man investieren will. Dabei gilt aber zuerst, die Aufbewahrung zu klären. Niemand möchte eine Million Euro in Bitcoins auf seinem Computer haben, nur um dann dank eines Virus alle zu verlieren.

Die Art der Investition richtet sich nach den eigenen Fähigkeiten und der Risikobereitschaft. Für diejenigen, die ganz hoch hinauswollen, gibt es den ICO. Das ist das größte Risiko, aber auch die größte Gewinnaussicht. Dieser Gewinn braucht aber eine Zeit, um sich zu realisieren.

Für die, die es langsamer angehen wollen, eignet sich die Anlage. Diese kann man halten und beim Wachsen beobachten. Nach einer bestimmten Zeit oder nach einem bestimmten Wachstum stößt man die Währung wieder ab und schon hat man seinen Gewinn realisiert.

Anlagen bieten eine Menge Auswahl hinsichtlich der Anschaffung und des Verkaufs der Coins. Dabei kann man einmal kräftig zulangen oder jeden Monat etwas Geld in Coins umtauschen.

Der Mittelweg zwischen dem ICO und der Anlage ist der Handel. Hier erspart man sich die Unsicherheiten des ICO. Ebenso hält man die Coins nicht, bis sie in den Abgrund fallen. Stattdessen erwirtschaftet man einen kleinen, aber stetigen Gewinn. Wenn man diesen reinvestiert, dann hat man schnell weit mehr Profit, als es mit einer Anlage möglich ist.

Während bei einem Handel das Risiko von Verlusten durchaus besteht, ist doch das Risiko eines Totalausfalls geringer. Das kommt daher, dass man die Coins zeitlich und nach Währungen diversifiziert.

Wenn man dann das Internet nach Informationen absucht, dann muss man auch immer die Augen für Mr. Ponzi offenhalten. Dank der Neuheit der Währung ist man nur allzu leicht einem Betrug aufgesessen. Besser man ist einmal zu vorsichtig, als dass man einen Haufen Geld in ein Nichts steckt.

Hat man sich das alles so durchdacht, dann geht es an die Umsetzung. ICO und Anlage brauchen Zeit. Einmal durchgeführt heißt es zurücklehnen und genießen. Der Handel dagegen braucht ständige Aufmerksamkeit und ständige Entscheidungen. Wenn man diesen erfolgreich betreibt, wird man irgendwann seinen Tagesjob an den Nagel hängen und sich nur noch auf den Handel konzentrieren.

Was aber, wenn die Kryptowährungen doch einmal von der Bühne abtreten? Nun, die Wahrscheinlichkeit dafür besteht. Wie hoch oder wie klein diese Wahrscheinlichkeit ist, hängt von so vielen

Faktoren ab, dass man einfach keine Prognose erstellen kann.

Für den ICO-Investor bedeutet ein Ende der Währung einen Totalausfall seiner Investition. Anders ausgedrückt: Sein Geld ist futsch. Für den Anleger bedeutet ein Verschwinden der Währung einen teilweisen bis totalen Verlust. Kann er schnell von der Währung abspringen, dann ist es nur ein teilweiser Verlust. Verpasst er den Zeitpunkt jedoch, dann ist auch sein Geld futsch.

Einzig der Händler hat eine Chance, als Sieger aus dem Ende einer Währung hervorzugehen. Er hat nämlich permanent Gewinne realisiert. Die Währungen werden auch nicht zugleich abtreten, sodass er die Warnanzeichen erkennen kann. Da er permanent handelt, ist er in der besten Position, die Warnungen zu erkennen. Dann kann er die Währungen abstoßen, bevor sie ihn in den Abgrund reißen.

Was ist nach der Währung? Für Mr. ICO und Mr. Anleger ist nur noch der Verlust zu betrauern. Für den Händler aber sieht das anders aus. Sollten sich die Kryptowährungen wirklich verabschieden, steht er als Sieger da. Seine Erfahrung mit dem Handel, sein Wissen, sein Lernen, all das war nicht umsonst. Sein Wissen und seine Fertigkeiten kann er dann auf dem Aktienmarkt gewinnbringend einsetzen. Anstatt also vor dem Ende, steht der Händler nur vor einem neuen Markt. Er kann sich dann neue Profite erobern.

Niemand kann heute wirklich voraussehen, wie sich die Zukunft der Kryptowährungen entwickelt. Es gilt gewappnet zu sein und für sich den richtigen Weg zu finden. Dabei hat, gemessen an allen Umständen, der Händler langfristig die besten Chancen.

www.ingramcontent.com/pod-product-compliance
Lightning Source LLC
Chambersburg PA
CBHW050013230526
45470CB00003B/943